AF453849

Folklore Cantalien

Chants Populaires d'Auvergne

« Ces vieux airs du pays au doux rythme obsesseur,
« Dont chaque note est comme une petite sœur,
« Dans lesquels restent pris des sons de voix aimées,
« Ces airs dont la lenteur est celle des fumées
« Que le hameau natal exhale de ses toits,
« Ces airs dont la musique a l'air d'être en patois »

Edmond ROSTAND.

Recueillis, reconstitués et traduits en français par M. Fernand DELZANGLES
Airs notés par Madame Fernand DELZANGLES

AURILLAC. — Imp. TERRISSE, RUE ALEXANDRE PINARD
1910

Au patriote Maurice Barrès
de l'Académie Française...
hommage d'admiration et de cordiale
sympathie.

Fernand Deslangles
1910.

DU MÊME AUTEUR

UNO GRONDO (Impéraire, Aurillac). . . . .   1 fr.

En préparation :

DANSES D'AUVERGNE

O Mo Gron Mayré

MARIE DALBIN

O tu, qué m'as tont éyma, et tont bressa ol cont dé toy douços consous…
moun omistouso Gron Mayré, tu qué contaougés to plo… t'ouoffré oquel
librou. Dé dolaï… ol céou rodious… oun toun ámo immourtello s'espondit…
emboyo un royoun dé bounhur, om'un dé lés tindrés poutounous, jiomay
oublidas… o toun filhounou, qué to tont regrettado.,. et récè soun poutou
lou pés omistou.

F D.

Touromiro, lou 26 d'obriéou 1909.

A Ma Grand'Mère

MARIE DALBIN

A toi, qui m'as tant aimé, et tant bercé au chant de tes douces chansons...

mon affectueuse Grand'Mère, toi qui chantais si bien... je t'offre ce petit

livre... De l'autre côté... au ciel radieux... où ton âme immortelle se repose

heureuse... envoie un rayon de bonheur, avec un de tes tendres baisers,

jamais oubliés... à ton petit-fils, qui t'a beaucoup regrettée... et reçois son

baiser le plus affectueux.

F. D.

Tournemire, le 26 avril 1909.

PRÉFACE

Le patois d'Auvergne est probablement l'un des dialectes celtiques qu'on parlait en Gaule à l'époque de la conquête romaine, et dont parle César dans ses *Commentaires*. L'occupation romaine fut très restreinte en Auvergne. Les Arvernes conservèrent leurs lois, leur culte et leur autonomie. Il est peu vraisemblable que les Romains soient parvenus à faire adopter leur langue aux habitants rustiques et illettrés de l'Arvernie. L'Auvergne était, à cette époque, couverte d'immenses forêts, habitée par une population pastorale très disséminée ; il n'y avait pas de villes ou de centres de population importants, peu ou pas de routes praticables, pour faciliter les relations commerciales ; rien n'y favorisait l'établissement et la diffusion du latin. Les Arvernes illettrés durent conserver leur langage simple et rustique qui suffisait à leurs besoins, plutôt que d'apprendre une langue difficile comme le latin. Dans moins de quatre siècles d'occupation, les Romains ne parvinrent pas à bannir le dialecte celtique de l'Auvergne, puisque, depuis douze siècles que l'Auvergne est réunie à la France, et plus de cinq cents ans que le français est la langue nationale, judiciaire et administrative obligatoire, malgré les progrès de l'instruction et les facilités des voies de communication, le patois est actuellement plus usité que le français dans les campagnes d'Auvergne : c'est la langue usuelle des paysans, des agriculteurs, qui traitent généralement en patois toutes leurs transactions commerciales dans les foires et les marchés ; et dans nombre de villages d'Auvergne, il n'est pas rare de rencontrer des gens qui ne parlent que le patois.

Le patois d'Auvergne, ancien dialecte celtique, adopta certains termes ou vocables latins pendant l'occupation romaine, mais il ne dérive pas du latin, quoique plusieurs mots aient la même racine ou syllabe tonique, qui proviennent plutôt d'une commune origine aryenne :

> Arverni latios ausi se dicere fratres,
> Sanguine ab Illiaco populi. (*Lucain*).

Le latin a pu emprunter ces mots aux dialectes italiques, d'origine celtique (Osque, Sabin, etc.) qu'on parlait en Italie avant la fondation de Rome et qui contribuèrent à la formation du latin. Le dialecte d'Auvergne a le caractère d'une langue primitive ; elle est simple, synthétique, sans règles grammaticales compliquées, ni syntaxe ; tandis que l'ordonnance grammaticale du latin, le tour de phrase, l'inversion, etc., dénotent une langue plus perfectionnée, plus savante.

Les différents dialectes de la langue d'Oc, — provençal, limousin, etc. — (excepté le basque et le patois d'Auvergne) dérivent de la langue romane ou latin vulgaire mélangé de celtique et de tudesque, qu'on parlait en Gaule après l'invasion romaine. Le dialecte d'Auvergne, comme le breton et le basque, ne dérive pas du roman. D'anciennes chartes du XII⁰ siècle (1) rédigées en patois d'Auvergne, d'autres en roman et en latin, prouvent que le patois d'Auvergne était parfaitement distinct du roman, et qu'à cette époque on parlait, en Auvergne, le patois, le roman et le latin.

Le patois (2) d'Auvergne est plus ancien que le français : du lointain des âges il a été transmis par la tradition orale, la mère l'enseignait à l'enfant au berceau. Comparativement au français il s'est moins modifié que la langue d'oïl. Le patois des chartes du XII⁰ siècle diffère peu du patois actuel. L'Auvergne doit à ses montagnes — qui protégèrent souvent ses habitants contre les invasions — d'avoir conservé son idiome, ses mœurs, ses coutumes et le type qui se rapproche le plus de la race celtique. Suivant Broca, le type auvergnat est le même que celui des Celtes à l'époque de la conquête romaine.

Assailli tour à tour par le latin, le tudesque, le roman et le français, le patois avait résisté, à l'abri des montagnes d'Auvergne, aux flots des invasions et à l'action dissolvante des siècles, mais il disparaît peu à peu chassé par les progrès de l'instruction primaire.

Le patois d'Auvergne n'est pas un jargon, mais une langue très expressive, sonore et harmonieuse, grâce à sa richesse de voyelles, à ses termes concrets et synthétiques, à ses tournures énergiques et harmonieuses, à ses saillies piquantes et acerbes, avec ses augmentatifs et ses diminutifs gracieux et langoureux.

Il mérite de survivre, d'être mieux connu et plus apprécié. Il est à souhaiter que le dialecte auvergnat ne soit pas proscrit des écoles d'Auvergne, que

---

(1) Archives de Clermont, du Monastère de Riom.

(2) Le mot *patois*, qui primitivement s'écrivait *petrois*, dérive de *patriensis*, il évoque l'idée de la patrie, et signifie le langage du pays paternel, de la patrie.

les professeurs révèlent à leurs élèves les beautés philologiques de la langue de leurs aïeux, en même temps que du français.

Pourquoi dédaigner, oublier le dialecte de nos ancêtres, la langue mère de nos montagnes ? Conservons la comme un pieux héritage ; avec nos traditions, nos coutumes, il concourt à l'originalité de l'Auvergne.

Le patois vibre, résonne agréablement au cœur de tout auvergnat ; aux pays lointains, un mot patois évoque la terre natale, nos pittoresques montagnes, et provoque de nostalgiques souvenirs ... Le patois est la langue régionale, le lien de fraternité de tous les enfants de l'Auvergne....

Comme le patois, les vieilles chansons d'Auvergne disparaissent et meurent lentement. Avec leurs termes expressifs, leurs locutions de terroir originales, pleines d'humour, ironiques ou narquoises, pétillantes d'esprit et de verve gauloise, elles sont de précieux documents de la littérature auvergnate. Chantées au début par les bardes, les troubadours et les jongleurs, leurs douces et tendres mélodies et leurs gais refrains charmèrent nos ancêtres qui les redirent et les modifièrent au gré des événements et de leurs impressions.

Fidèles évocatrices du passé, elles font revivre l'âme de nos aïeux, nous montrent leurs goûts simples et rustiques, leur foi naïve : *Les Robélliès de Noël*, *La Passion de Jésus-Christ*, *La Conversion de Madeleine* louent les plaisirs champêtres, la beauté des montagnes d'Auvergne : *Vive nos Montagnes !..*; belliqueux *sirventes* célèbrent les exploits, les nobles actions, vantent l'agrément des voyages, des aventures : *Les Pèlerins de Saint-Jacques-de-Compostelle ; Grondos* retentissantes, joyeux *Baylèros*, gais refrains de bourrées humoristiques et narquoises, tendres *consous*, langoureuses romances, tristes et mélancoliques *régrets* chantent l'éternel amour...

J'ai recueilli quelques-unes de ces chansons — dont les auteurs sont ignorés, oubliés... — leur versification (1) leur facture littéraire sont défectueuses, frustes, gauches, l'inspiration naïve comme toutes les œuvres primitives et rudimentaires, mal équarries, à peine ébauchées ; mais elles méritent d'être conservées

----

(1) L'assonance remplace souvent la rime, les hiatus sont fréquents, la césure, très rare, est souvent placée après une syllabe atone, ou un monosyllabe enclitique, etc. La versification primitive et élémentaire des chansons populaires d'Auvergne, justifie en partie l'appréciation trop sévère de Boileau :

> Durant les premiers ans du Parnasse français,
> Le caprice tout seul faisait toutes les lois ;
> La rime au bout des mots assemblée sans mesure
> Tenait lieu d'ornement, de nombre et de césure.

pour l'originalité de leur inspiration, de leur forme et de leurs expressions, au même titre que les monnaies anciennes, les armes, les objets antiques qui témoignent de l'art, du degré d'instruction et de civilisation de nos aïeux. Comme dit Montaigne : « La poésie populaire et purement naturelle a des naïvetés et des grâces par où elle se compare à la principale beauté de la poésie parfaite selon l'art. »

Mieux que des objets vétustes, les vieilles chansons parlent à l'esprit et au cœur, évoquent le passé, expriment les pensées et les sentiments de nos ancêtres qu'elles réjouirent et charmèrent et qui les transmirent par la tradition orale et les perpétuèrent pendant des siècles. Combien d'œuvres de nos poètes modernes les plus brillants survivraient pendant des siècles sans le secours de l'impression ?...

Avant qu'elles ne se fanent et disparaissent sous la mousse de l'oubli... j'ai cueilli quelques-unes de ces primevères rustiques, de ces pensées sauvages de la littérature auvergnate, et j'offre au lecteur mon humble bouquet de fleurettes d'Auvergne.

F. D.

Chants Populaires d'Auvergne

LA GRANDE

La Grande (*Lo Grondo*) est la Marseillaise rustique d'Auvergne, le chant régional auvergnat, la plus élevée de ton, la première de toutes les chansons d'Auvergne, qui vibre au cœur des auvergnats comme les accents patriotiques de la Marseillaise.

La *Grondo* est la plus ancienne des chansons d'Auvergne, elle a beaucoup d'analogie avec les vieilles chansons d'Armorique et doit être un antique vestige des cantilènes celtiques et des incantations des druides. Comme dans les chants primitifs, pas de paroles, quelques syllabes frustes :

lo lo lo lo lo lo lo

lo lo lo lo lo lo...

une vocalise, que le chanteur module, au gré de ses impressions, mélodie large et puissante qui retentit comme un chant d'allégresse, de triomphe, d'espérance ou d'amour... tantôt âpre et rude, vibrante comme un belliqueux *sirvente*, parfois triste et mélancolique comme un *regret*...

On a donné le nom de *Grondo* à plusieurs chansons patoises, parce qu'elles se chantent sur l'air de la *grondo* et qu'elles ont généralement pour refrain sa vocalise : lo lo lo lo...

Voici une ancienne *Grande* que j'ai reconstituée et qui se chantait au XVIe siècle : Guillaume du Vair (1) la mentionne dans ses *Œuvres Littéraires*.

---

(1) Guillaume du Vair, né à Paris en 1556 fut successivement premier président au Parlement d'Aix en 1599, évêque de Lisieux en 1619. Louis XIII le nomma deux fois Garde des Sceaux, en 1616 et 1617, il mourut en 1621 pendant le siège de Clerac, où il avait accompagné le roi. Il est l'auteur de plusieurs ouvrages : *Discours politiques*, *Œuvres littéraires*, *Traité de philosophie*, *Méditations religieuses*. Son père, Jean du Vair, naquit à Tournemire (Cantal), et fut Procureur général à la cour des aides et Maître des requêtes de la reine Catherine de Médicis.

UNO GRONDO

Largo plena voce teneramente

sostenuto

sostenuto a piecere   *sostenuto*

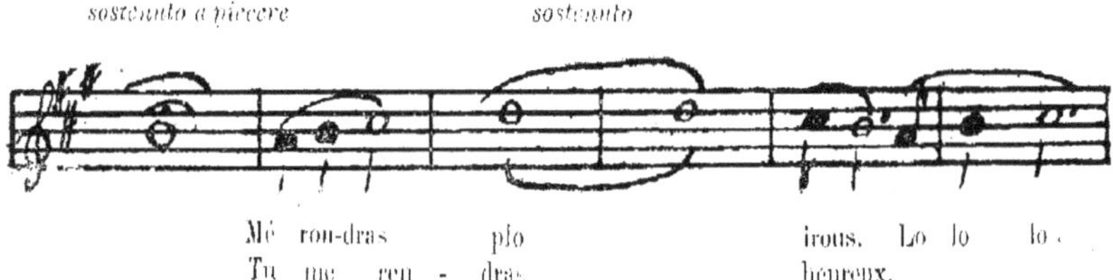

sostenuto epiecero

II

Lo lo lo lo lo lo lo !
Lo lo lo lo lo lo !

Passo pél prat poulotto (1)   Passe par l'pré poulette
You possoraï pél bouos.   Je passerai dans l'bois.
Qu'on soras o lo clédo   Quand tu seras à la claie
M'espéroras, sé bos ?   Tu m'attendras, veux-tu ?

Lo lo lo lo lo lo lo !
Lo lo lo lo lo lo !

III

Lo lo lo lo lo lo lo !
Lo lo lo lo lo lo !

Fodéjiorin insemblé   Nous jouerons ensemble
Nous dounons dés poutous,   Nous donnant des baisers,
Nous eymorin insemblé   Nous aimerons ensemble
Nous tournons lès poutous.   Nous rendant les baisers.

Lo lo lo lo lo lo lo !
Lo lo lo lo lo lo !

Dans la vallée de la Doire on chante cette Grande :

---

(1) Le dialecte d'Auvergne comprend plusieurs sous-dialectes qui se distinguent par leur phonétique. La plupart des chansons patoises recueilllies dans cet ouvrage sont écrites suivant la phonétique, la prononciation locale des environs d'Aurillac, du canton de Saint-Cernin.

COTINÈL

Refrain : Lo lo lo lo lo lo !
Lo lo lo lo lo lo !

Dèyo mé tu, Cotinèl,
Disou qué té moridés ?
Disou qué té moridés,
En o bal pél poïs ba ?
Tu soras pas irouso
Ouo véou soraï troumpa.

Dis-moi, Catherine,
On dit que tu te maries ?
On dit que tu te maries,
Au loin, dans le Midi ?
Tu ne seras pas heureuse,
Ou je me tromperais.

Refrain : Lo lo lo lo lo lo...

II

Lou paouré Onténou
N'aymo bé lo bouteilho ;
N'aymo bé lo bouteilho,
Lou beyré o lo mo ;
Et aymo bé lei filhos
Qu'on sou couifados plos !

Le pauvre Antoine.
Aime bien la bouteille ;
Aime bien la bouteille,
Le verre à la main ;
Il aime aussi les filles
Quand elles sont bien coiffées !

Refrain : Lo lo lo ...

III

— Dèyo mé tu, Onténou
Crompo mé uno dontello ?
Crompo mé uno dontello,
O m'un jionté ribon ?
Qu'on soraï plo couifado
T'ogrodoreï bé ton.

— Dis-moi Antoine
Achète-moi une dentelle ?
Achète-moi une dentelle,
Avec un joli ruban ?
Quand je serai bien coiffée
Je te plairai bien mieux

Refrain : Lo lo lo ...

IV

Lou paouré Onténou
N'ei bé ton boun éfon !
Met lo mo-z-'o lo pouotchio
N'y iin ballo trés froncs.
L'y diguèt : té, Cotinel,
Toutés t'iin foriou pas ton.

Le pauvre Antoine
Est un bon enfant !
Il met la main à la poche
Et lui donne trois francs.
En lui disant : prends, Catherine,
Tous (les amoureux) ne t'en donneraient
[pas autant.

Refrain : Lo lo lo ...

V

— Déyo mé tu, Onténou,
Couro mé minra bèyré ?
— May, m'inraï bé dimergué,
O may to tard qué sio,
Né mé foro pas péno
Dé dobola lou bouo.

— Dis-moi, Antoine,
Quand viendras-tu me voir ?
— Je viendrai bien dimanche
Et si tard qu'il soit.
Il ne me fera pas peine
De descendre le bois.

Refrain : Lo lo io ...

VI

— Déyo mé tu, Cotinel.
As croumpa un gardo-raugos ?
As croumpa un gardo-raugos,
Per pourta pel poïs bas ?
Lou t'aou pas bougut récébré,
L'oustaou s'ées dérouca.

— Dis-moi, Catherine,
Tu as acheté un garde-robes ?
Tu as acheté un garde-robes,
Pour emporter dans le Midi ?
On n'a pas voulu le recevoir
La maison (ton mariage) s'est démolie.

Refrain : Lo lo lo lo lo lo
           Lo lo lo lo lo lo

M. Versepuy a noté et harmonisé une Grande qui se chante également
sur l'air de la bourrée :

POULOTTE

Onons ol bouos Poulotto,
Onons l'y touteï dous,
N'iin culirin loi flours
Dé toutes los coulours.
N'iin mesclorin los tios
  Ommé los mios.

Allons au bois Poulotte,
Allons-y tous les deux,
Nous cueillerons des fleurs
De toutes les couleurs.
Nous mêlerons les tiennes
  Avec les miennes.

II

— Noun, diguèt lo Poulotto,
L'y bouolé pas ona,
Qu'ond ourions tout mescla
Pourrions pas plus tria,
Bou lou prémié sorias
  Qué bous in ririas.

— Non, répondit la Poulotte,
Je ne veux pas y aller,
Quand nous aurions tout mêlé
Nous ne pourrions plus trier.
Vous le premier seriez
  Qui vous en ririez.

III

Sé prénou, s'iin onèrou
O l'oumbro d'un bouissou :
Dél plosé qué n'obiou
Dé l'y faïré l'omour...
O l'oumbro démourèrou
  Toul lou jiour.

Ils se prirent, s'en allèrent
A l'ombre d'un buisson,
Du plaisir qu'ils eurent
D'y faire l'amour...
A l'ombre ils demeurèrent
  Tout le jour.

IV

— Jiogo, moun oumi Pierré
Jiogo del flojioulet !
— Dél flojioulet jiouga ?
Noun, pouodé plus jiouga...
L'oumbretto del fueillas
  M'o rondu las !

— Joue, mon ami Pierre,
Joue du flageolet !
— Du flageolet jouer ?
Non, je ne peux plus jouer...
L'ombrette de la feuillée
  M'a rendu las !

Plusieurs chansons françaises se chantent sur l'air de la *Grande*, notamment *Les Bœufs*, de Pierre Dupont.

LE REGRET

Lou Régret, le Regret, est un air doux, une mélodie triste et mélancolique, que le *(cobrettaïré)* museteur joue au gré de son âme émue et attristée... Un chant plaintif et langoureux..... qui exprime les peines et les tristesses du cœur, les douleurs et les rêveries de l'âme..... les nostalgiques impressions qu'évoque la nature, les douces et langoureuses émotions, les amoureux regrets inspirés par la beauté fugitive des êtres et des choses..... toutes les joies évanouies, les tristesses subies, les douleurs éprouvées..... « où il y a de tout un peu, comme dit Jean Ajalbert, de la fin d'un rêve, un accablement de crépuscule, une langueur d'automne, la mélancolie d'un adieu .... »

Comme la *grondo,* le *régret* doit être un vestige des anciens airs celtiques, qui étaient généralement tristes et mélancoliques. Presque tous les chants des bardes sont plaintifs, même leurs chants de victoire et de triomphe sont empreints de tristesse. Ils chantaient de préférence les forces de la nature, les spectacles grandioses et émouvants : les sites sauvages, les rochers farouches, les grèves désolées, les montagnes escarpées où résident les Walkyries merveilleuses, les sombres forêts hantées par les Nornes livides..... les clameurs des combats, les mugissements du vent dans les bois, les flots irrités par la tempête, l'ouragan déchaîné, les grondements du tonnerre qui impressionnaient vivement et saisissaient leur âme d'une vague terreur, de tristesse et de mélancolie.....

La tradition a conservé peu de *regrets* en dialecte auvergnat, ces chants qui étaient généralement personnels et objectifs ont disparu avec le souvenir de ceux qui les ont composés ou inspirés. Deux fragments nous ont été transmis qui expriment des regrets généraux et qui se chantent ou se jouent dans certaines circonstances du mariage et à la fin du carnaval

Le jour du mariage, lorsque la *(nobio)* nouvelle mariée quitte la maison paternelle pour aller habiter avec son mari, le *cobrettaïré* qui précède la *(noce)* le cortège joue ce plaintif *regret* qui exprime la peine et les regrets des parents et des amis qu'elle va quitter :

I

(Adagio)

<table>
<tr><td>

Oun bas, mo méyo ? oun bas ?...
Soras-tu miél oun bas,
Qué dé coun d'érés ?

</td><td>

Où vas-tu, ma mie ? Où vas-tu ?
Seras-tu mieux où tu vas,
Que là où tu étais ?

</td></tr>
</table>

II

<table>
<tr><td>

Oun bas ? Oun bas, mo méyo ?
Erés plo dé coun d'érés !
Qué soras oun t'in bas ?

</td><td>

Où vas-tu ? Où vas-tu, ma mie ?
Tu étais bien où tu étais !
Comment seras-tu où tu vas ?

</td></tr>
</table>

III

<table>
<tr><td>

Oun bas, mo méyo ? oun bas
Erés miel dé coun d'érés.
Miel qué dé coun bas !

</td><td>

Où vas-tu, ma mie ? Où vas-tu ?...
Tu étais mieux où tu étais,
Mieux que là où tu vas !

</td></tr>
</table>

IV

<table>
<tr><td>

Oun bas ? Oun bas, mo méyo ?...
Soras-tu miél oua bas
Qué dé coun d'érés ?

</td><td>

Où vas-tu ? Où vas-tu, ma mie ?...
Seras-tu mieux où tu vas
Que là où tu étais ?

</td></tr>
</table>

* *
*

Les derniers jours du carnaval, à la fin des fêtes et des réjouissances publiques, ou des réunions intimes, plantureux repas où l'on mange *(pescajous et mignitos)* les crêpes et les beignets traditionnels, joyeuses *veillées* où l'on vire des bourrées au son de la *cobretto*, en chantant de vieilles chansons humoristiques et grivoises .... les convives avant de se séparer chantent ce *regret* :

I

(Adagio)

Odécia, paouré cornobal !	Adieu, pauvre carnaval !
Tu t'iin bas et yéou démouoré...	Tu t'en vas et moi je reste...
Odécia, paouré cornobal!	Adieu, pauvre carnaval !
Odécia ! Odécia ! Odécia !...	Adieu ! Adieu ! Adieu !...

II

Tu t'iin bas et yéou démouoré...	Tu t'en vas et moi je reste...
Odécia ! Odécia ! Odécia !...	Adieu ! Adieu ! Adieu...
Tu t'iin bas et yéou démouoré...	Tu t'en vas et moi je reste...
Odécia ! Odécia ! Odécia !...	Adieu ! Adieu ! Adieu !...

III

Odécia, paouré cornobal !	Adieu, pauvre carnaval !
Tu t'iin bas et yéou démouoré...	Tu t'en vas et moi je reste...
Odécia ! Odécia ! Odécia !...	Adieu ! Adieu ! Adieu !...
Odécia, paouré cornobal !	Adieu, pauvre carnaval !

Plusieurs *regrets* ont été composés en français, j'en ai recueilli quatre, regrets d'amour.... . intéressants par leur inspiration et leurs tendres accents.....

LE JARDIN D'AMOUR

Adagio melancolico

a piacere

II

— Allons-y donc, mon aimable maitresse,
Nous y prendrons le plaisir de l'amour,
Nous y prendrons le plaisir de l'amour.

III

— Allez, Monsieur, si votre âme est contente,
Et laissez-moi dans mon malheur pleurer,
Et laissez-moi dans mon malheur pleurer.

IV

— Allons-y donc, mon aimable maîtresse,
Nous chanterons trois jolies chansons.
Nous chanterons trois jolies chansons.

V

— Comment veux-tu qu'une personne chante,
Quand ell' n'a pas son cœur en liberté ?...
Quand ell' n'a pas son cœur en liberté ?...

VI

— Faites chanter ceux que l'amour contente,
Et laissez-moi dans mon malheur pleurer.
Et laissez-moi dans mon malheur pleurer.

VII

Dans mon jardin le rossignol y chante,
Chante toujours, la nuit comme le jour.
Chante toujours, la nuit comme le jour,

VIII

Mais il nous dit dans son charmant langage :
Sont malheureux les amants amoureux.
Sont malheureux les amants amoureux.

On retrouve dans le Valois une chanson qui a de l'analogie avec ce regret et qui a été recueillie par Gérard de Nerval :

A la claire fontaine
M'en allant promener,
J'ai trouvé l'eau si belle,
Que je m'y suis baigné...

Sur la plus haute branche
Le rossignol chantait,
Chante, rossignol, chante,
Toi qui as le cœur gai...

Au Canada, on chante un regret analogue, la *Claire Fontaine*, qui a dû être importé de France aux dix-septième et dix-huitième siècles.

* *

LA DÉLAISSÉE

I

Là-bas, dedans le bois,
J'ai entendu la voix,
De ma très chère aimée,
Qui crie à tout moment :
J'ai perdu mon amant ! *(bis)*

II

— Belle, ne pleure pas,
Ne te chagrine pas,
Le Bon Dieu t'aimera.
Le Bon Dieu est partout.
Au ciel, dans nos amours.
(La) Belle pleurait toujours. *(bis)*

III

— Galant, si j'avais cru
D'avoir mon temps perdu,
Je serais mariée
Avec un autre amant
J'aurai mon cœur content. *(bis)*

IV

— Belle, si tu savais,
Le sort qui me réduit,
De prendre un fusil,
Une épée au côté,
Et puis d'aller sur mer
Dans un triste vaisseau,
Combattre sur les eaux. *(bis)*

V

— Galant, si tu t'en vas,
La mer s'ent'rouvrira,
Le vaisseau périra
Et toi tu te noieras.
Adieu, l'amant trompeur. *(bis)*

VI

— Non, je ne mourrai pas,
Je ne périrai pas,
Dieu bon me gardera,
A toi je reviendrai.
Adieu, belle, je pars !...
Adieu, belle, je pars !...

L'ABANDONNÉE

I

(Adagio)

Je suis la délaissée...
Je pleure nuit et jour.
Celui qui m'a trompée.
C'est mon premier amour. *(bis)*

II

J'avais quinz'ans à peine.
Belle comme une fleur,
Il a fallu qu'il vienne
Empoisonner mon cœur. *(bis)*

III

Ses charmes, ses caresses,
Et ses baisers trompeurs,
Et ses fausses promesses,
M'ont réduit dans les pleurs. *(bis)*

IV

Mais il pleure, l'infâme !
Pour enchaîner mon cœur,
Pour allumer la flamme
Qui brûle dans mon cœur. *(bis)*

V

Je tremble, je suis pâle...
Je le vois tous les jours,
Auprès d'une rivale,
Lui dire son amour. *(bis)*

VI

Ma douleur est profonde,
Je suis au désespoir !
Moi, pauvre vagabonde,
Qu'il ne voudra plus voir ! *(bis)*

VII

Avant que je succombe,
Je saurai le punir,
Car dans la même tombe
La mort doit nous unir !... *(bis)*

VIII

La belle part furieuse,
Elle tue son amant,
Après, la malheureuse,
Elle s'en fit autant. *(bis)*

IX

La mort est bien cruelle,
Que de frapper au cœur !
Elle est morte, la belle,
Et son amant trompeur ! *(bis)*

X

De ses jours de tristesse
Souvenez-vous toujours.
Restez, belle jeunesse.
Fidèle à vos amours... *(bis)*

Ce *regret* se chante également sur l'air de la bourrée.

LE FLAMBEAU D'AMOUR

I

(Adagio)

Une fille tant amoureuse,
Par l'amour fut tant malheureuse.
Son père voulant la punir,
La renferma dans une tour,
Bis
Pour la priver de ses amours.

II

Galant, quand tu viendras me voir,
Tu trouveras, dedans la tour,
Un flambeau qui flambe toujours...
Tant que ce flambeau flambera
Bis
Mes amours ne cesseront pas...

III

Flambeau qui flambe dans la tour,
Flambeau qui flambera toujours !
Donn'moi un peu de ta lumière
Donn' moi un peu de ta clarté.
Bis
Pour aller voir ma rare beauté !

IV

L'amante, du haut de la tour,
Pense toujours à ses amours...
Ne fait que pleurer ou gémir.
Elle regard' en haut, en bas,
Bis
Elle voit son amant au trépas.

V

Amour brûlant, amour cruel !
Charme séduisant, éternel !
Qui me réduit au désespoir…
Bis Tu broies les fibres de mon cœur !
Tu me fais mourir de douleur !

VI

Ah ! s'il fallait donner mon sang,
Pour soulager mon doux amant !
Lui rendre la vie, la beauté !
Bis Avec la pointe du couteau,
Je percerai tous mes veineaux !

VII

Ah ! si j'avais la liberté !
J'irais là-haut sur ces sommets !
J'irais là-haut sur ces rochers !
Bis Pleurer la nuit, chanter le jour,
Tout le regret de nos amours !…

LE BAYLÉRO

Le *Bayléro* est une chanson de plein vent, au rythme animé et enjoué, un dialogue chanté que s'envoient de loin (*bayléro-léro-léro !* va au loin !) les bergers et les bergères, mélodie joyeuse, gai carillon de voix enfantines, qui, pendant la belle saison, retentit fréquemment dans les montagnes d'Auvergne, parmi les tintements des sonnailles des troupeaux, monte des vallons ombreux, s'élève des côteaux escarpés vers les sommets verdoyants, se perd dans l'azur des cieux...

Le *Bayléro* n'a pas de paroles fixes : c'est un refrain périodique, une vocalise, une roulade : bayléro ! léro ! léro ! léro !... Les chanteurs composent le dialogue au gré de leurs sentiments et terminent chaque demande ou réponse par le refrain : bayléro ! léro ! léro !... qu'ils modifient à leur fantaisie, suivant le caprice de leur inspiration.

Voici un *Bayléro* que j'ai composé, qui permettra de juger de ce genre de chanson :

LE BAYLÉRO

LE BERGER

(1) littéralement : Où as-tu ton troupeau ?

LA BERGÈRE

a capo

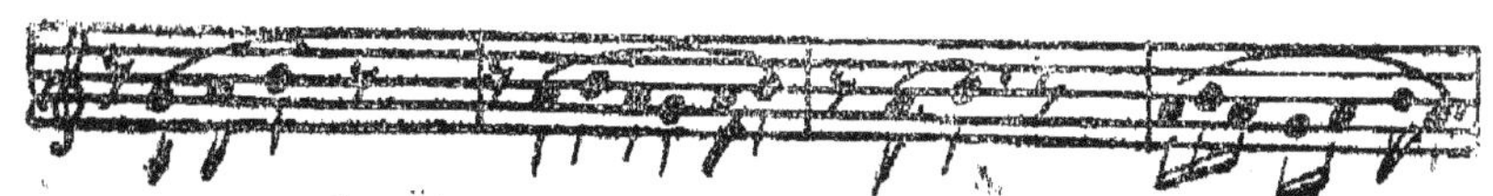

sostenuto

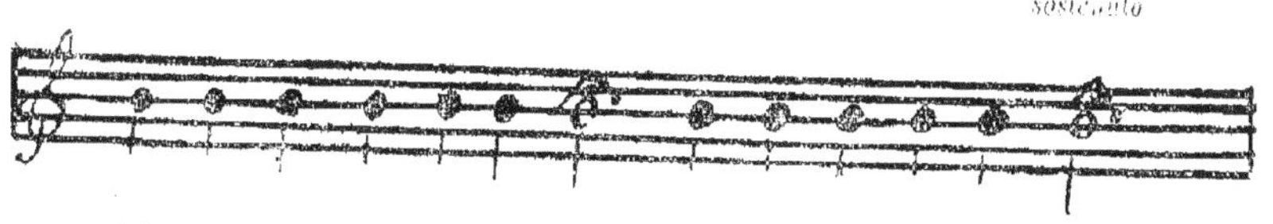

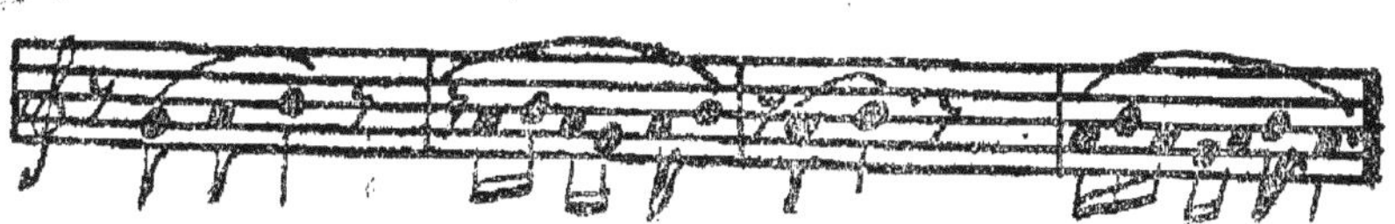

*
* *

Baylèro lèro-lèro-lèro !
Lèro ! baylèro-lèro-lèro !

<table>
<tr><td>

Aou pastré dé mountogno
Oun d'ès to cobono ?

</td><td>

Berger de la montagne,
Quell' est ta cabane ? (1)

</td></tr>
</table>

Baylèro lèro-lèro-lèro !
Lèro ? baylèro-lèro-lèro-lèou ?
Baylèro lèro-lèro-lèro-lèou ?
Lèro ? baylèro-lèou ? lèro-lèou ?

Le Berger

Baylèro lèro-lèro-lèro !
Lèro ! baylèro-lèro-lèro !

<table>
<tr><td>

Escoundu diins lo nuée,
O lo pountchio dél puèl.

</td><td>

Cachée dans les nuages,
Tout au sommet du puy.

</td></tr>
</table>

Baylèro lèro-lèro-lèro !
Lèro I baylèro-lèro-lèro !

*
* *

Baylèro lèro-lèro-lèro !
Lèro ! baylèro-lèro-lèro !

<table>
<tr><td>

Conta coumo les ousèls,
Bégnis ol bouscorèl ?

</td><td>

Chanter comme les oiscaux,
Viens dans le petit bois ?

</td></tr>
</table>

Baylèro lèro-lèro-lèro !
Lèro ? baylèro-lèro-lèro-léou ?
Baylèro lèro-lèro-lèro-léou ?
Lèro ? baylèro-lèou ? lèro-léou ?

---

(1) Littéralement : où est ta cabane ?

La Bergère

Bayléro léro-léro-léro !
Léro ! bayléro-léro-léro !

Bégnis culli dé loi flours.   Viens ici cueillir des fleurs
Bellos coumo lou jiour !   Belles comme le jour !

Bayléro léro-léro-léro !
Léro ? bayléro-léro-léro-léou ?
Bayléro léro-léro-léro-léou ?
Léro ! bayléro-léou ? léro-léou ?

Le Berger

Bayléro léro-léro-léro !
Léro ! bayléro-léro-léro !

Lo jionto flour qué bourio,   La jolie fleur que j' voudrais,
Couis tu qué coujirio.   C'est toi que j' choisirais.

Bayléro lèro-léro-lèro !
Léro ! bayléro-léro-léro-léou !
Bayléro lèro-léro-lèro-léou !
Léro ! bayléro-léou ! léro-léou !

LES ROBÉLLIÉS DE NÒEL

Il est de tradition en Auvergne, à l'époque de la Noël, pendant les longues veillées d'hiver, malgré le froid et la neige qui tombe et tourbillonne parfois en *écirs* au souffle rude de la bise qui bràme et *brrounzit*... tandis que les riches se chauffent sous le manteau de vastes cheminées, prés du *kayré* ardent où flambent de grosses souches de Noël... que les pauvres veillent à la lueur fumeuse *(dél lun, ouo dél colét)* de lampes primitives, ou sont couchés par économie de bois et de lumière et cherchent dans le sommeil l'oubli momentané de leurs misères... des jeunes gens, *(lei robélliés)* les réveilleurs, portant sur l'épaule une besace ou un cabas pour recueillir les offrandes, parcourent les campagnes, vont de porte en porte, en chantant de vieilles cantilènes de Noël *(Lei robélliés dé Nodaou)* les robélliés de Noël :

Lébo d'oü postourélet,	Lève-toi, petit berger,
N'es pas tu lassé dé durmi ?	N'es-tu pas fatigué de dormir ?
N'es pas tu lassé dé durmi ?	N'es-tu pas fatigué de dormir ?
Onin, bégnis on yéou o l'estaplé,	Allons, viens avec moi à l'étable,
Onorin quéré un ognélet.	Nous irons chercher un agnelet.
— Té disé : qu'ai pas intindu.	— Je te dis : que je n'ai pas entendu.
— Té disé : qu'un Diéou ei noscu	— Je te dis : qu'un Dieu est né
Diins uno grétchio omin estaplé.	Dans la crèche d'une étable.
Et qaou y onorio doun, pécaïré !	Et qui voudrait y aller, pécaïré !
Per béïré un Diéou o may so maïré ?	Voir un Dieu et sa mère? *(si tu n'y allais pas)*.
— Crésés qué n'o bésoun dé yéou ?	— Tu crois qu'il a besoin de moi ?
Crésés qué n'o bésoun dé yéou ?	Tu crois qu'il a besoin de moi ?
— Obal, uno ton bélo estiélo	— Là-bas, une si jolie étoile
Resplondit coumo un souin.	Resplendit comme un soleil.
Holas ! on sé beissoro guélo ?	Hélas ! où se baissera-t-elle ?
Oléro, nauté l'y sorin.	Alors, nous y serons.
Ouji ! ouji, postourel !	Ecoute ! écoute, petit berger !
Lei onji contou diin lou ciéou,	Les anges chantent dans le ciel,
Sé n'in contou réjouissinço !	S'ils chantent réjouissance !

Sé n'in contou réjouissinço !
Las ! Ségnour, qu'es oquo bel !
Lei onji contou diin lou cièou !...

    Coucouroucou !...
Passo pel troucou, (1)
Bégnis diins lou sestou !

S'ils chantent réjouissance !
Oh ! Seigneur, que c'est beau !
Les anges chantent dans le ciel !...

    Coucouroucou !...
Passe par la chatière,
Viens dans le panier !

Les *robélliés* terminent chaque cantilène par cette demande d'offrandes : «*Coucouroucou!... passo pel troucou, bégnis diins lou séstou*». «Coucouroucou!... passe par le petit trou (la chatière), viens dans le panier... » Imitation du chant du coq, et allusion aux œufs que l'on donne généralement comme offrande et que l'on peut faire passer par la chatière si l'on ne veut pas ouvrir la porte de la maison.

Sé mèro bi qu'oujio
Un onji qué contaouo.
Contaouo : qu'èro nuet,
Ol tour dé micijio nuet,
Qué lo Biergio infóntaouo.
Toutés n'in foguérou rebi
Dé n'ouji lo noubello.
Dintrérou per hozard
Diins un ton gron estaplé.
Troubérou lou bioou gritché,
Et l'èfontou dénu
Qué tout possaouo péno.
Démourérou quauqué timp,
Trés estronjiès minguérou.
Dintrérou toutés risin,
Codun on lours présins.
Et toutés l'odourérou,
Odourérou humblomint,
Coumo ses'oichi présint.

    Coucouroucou ! ...
Passo pel troucou
Bégnis diins lou séstou.

Il me semblait que j'entendais
Un ange qui chantait.
Il chantait : qu'il était nuit,
Autour de minuit,
Que la Vierge enfantait.
Tous en furent ravis,
D'entendre la nouvelle.
Ils entrèrent par hasard
Dans une grande étable.
Ils trouvèrent le bœuf à la crèche
Et le petit enfant nu,
Que tout passait peine.
Ils restèrent quelque temps ;
Trois étrangers vinrent.
Ils entrèrent tout souriants,
Chacun avec leurs présents,
Et tous l'adorèrent
Adorèrent humblement,
Comme vous êtes ici présents.

    Coucouroucou !...
Passe par la chatière
Viens dans le panier.

---

(1) Troucou : petit trou, chatière.

LA PASSION

Quinze jours avant Pâques, surtout pendant la semaine sainte, les *robélliés* parcourent à nouveau les campagnes en chantant des cantilènes de la Passion :

LA PASSION

Lo Possiou dé Jiésu-Christ (1)
Es tristo et doulonto.

La Passion de Jésus-Christ
Est triste et dolente.

Oujisez-lo, pétiots et grons
Toutés jins d'ourdounonço.

Entendez-là, petits et grands,
Tous gens d'ordonnance.

Qué fay ton boun l'escouta.
Sé bous play dé l'intindré.

Il fait si bon l'écouter
S'il vous plaît de l'entendre.

Qaou lo diro, l'intindro
Gognoro induljinço.

Qui la dira, l'entendra,
Gagnera indulgence.

Qaou lo diro pas, l'intindro pas,
Mérito pénitinço.

Qui (ne) la dira pas, (ne) l'entendra pas,
Mérite pénitence.

Nostro Damo pourtet naou més
Jiésu Diéou diins soun bintré.

Notre Dame porta neuf mois
Jésus Dieu dans son ventre.

---

(1) En chantant cette cantilène il faut bisser chaque strophe de deux vers.

Dé Pintecouosto o Nodaou
L'y ouguet grond'espéronço.

De Pentecôte à Noël
Il y eut grand' espérance.

Jiesu-Christ nissét o Nodaou
Diins lo réjouissinço.

Jésus-Christ naquit à Noël
Dans la réjouissance.

Naoutrés soyons toutés perdus,
Aro son iñ solvonço.

Nous étions tous perdus
Maintenant nous sommes sauvés.

Quon Jiesu-Christ ougét grondi,
Foguét grondo pénitinço.

Quand Jésus-Christ eut grandi,
Il fit grande pénitence.

Jiesu s'in bo diins lou désert,
Per fayré pénitinço.

Jésus s'en va dans le désert.
Pour faire pénitence.

Jiésu o junat cronto jiours
Son prindré soustinonço.

Jésus a jeûné quarante jours
Sans prendre soutenance.

Quond lei cronto jiours sous possats,
Jiésu prind soustinonço.

Quand les quarante jours sont passés,
Jésus prend subsistance.

Jusqu'ol dimergué dei rompans.
Qu'uno poumo d'ouronji.

Jusqu'au dimanche des Rameaux,
(Il ne prit) Qu'une pomme d'orange.

Pougét pas l'occoba,
N'in foget part o scis onjis.

Il ne put pas l'achever,
Il en fit part à ses anges.

Jiesu es onat préména
Diins uno bilho immonço.

Jésus est allé promener
Dans une ville immense.

Es onat o Jérusolem
In grondo dilijinço.

Il est allé à Jérusalem,
En grande diligence. (1)

O roncountrat poplé dé jins
Qué faou grondo révérinço.

Il a rencontré peuple de gens
Qui font grande révérence.

Jiésu roncountret sul comi
Léi tristé juifs insémblé.

Jésus rencontra sur le chemin,
Les tristes juifs ensemble.

Dé lour copél, dé lours rompans
L'y foguérou révérinço.

De leurs chapeaux, de leurs rameaux,
Lui firent la révérence.

In soupa, Jiésu-Christ o dit :
Mé foroou trohisonço.

En soupant, Jésus-Christ a dit :
On me fera trahison.

Dobon qué sion ol béndré soou
Béyrès dé grondos causos.

Avant que nous soyons au vendredi-saint
Vous verrez de grandes choses.

Et Sint Péyré li respoundèt :
Ségneur, n'ay pas dé fionço.

Et Saint Pierre lui répondit :
Seigneur, je n'ai pas confiance.

Pourton lei jins dé débouciou
Faou pas dé trohisonço.

Pourtant les gens de dévotion
Ne font pas de trahison.

— N'in soro pas tres jiours d'eici
Qué béyrès l'expérionço.

— Avant trois jours d'ici
Vous en verrez l'expérience.

____

(1) En grande hâte

Sint Péyré diguèt o Sint Jion :	Saint Pierre dit à Saint Jean :
Qué lo trohisou ei grondo !	Que la trahison est grande !
Nostré Ségnour li respoundèt :	Notre Seigneur lui répondit :
Lo béyrès inquéro pus grondo.	Vous la verrez encore plus grande :
Béyrès moun corps estoca	Vous verrez mon corps attaché
Sus uno crou plo grondo ;	Sur une croix bien grande ;
Béyrès meï mos clobélados	Vous verrez mes mains clouées
Et meï dous peds insemblé ;	Et mes deux pieds ensemble ;
Béyrès mo testo courounado	Vous verrez ma tête couronnée
Per trinto espinos bloncos.	Par trente épines blanches.
Béyrès moun cousta perça	Vous verrez mon côté percé
Per un gron couop dé lonço.	Par un grand coup de lance.
Et béyrès romossa moun song	Et vous verrez ramasser mon sang
Per quatré petiots onjis.	Par quatre petits anges,
Pourton lour colicé d'orjin	Portant leur calice d'argent
Et lour serbiéto blonco.	Et leur serviette blanche.
Béyrès lo mayré dé Jiesu,	Vous verrez la mère de Jésus,
Bien tristo, plo doulonto.	Bien triste, bien dolente.
Béyrès gori leï molaoudés	Vous verrez guérir les malades
Réscucita leï mouorts.	Ressusciter les morts.

Béyrès lo luno et lou sougél   Vous verrez la lune et le soleil
Qué coumbotroau insemblé.   Qui combattront ensemble.

N'in béyrès lo terro trombla   Vous verrez la terre trembler
Et los péyros sé findré.   Et les rochers se fendre.

Béyrès lo mar qué cromoro   Vous verrez la mer qui brûlera
Coumo un tisou qué flombo…   Comme un tison qui flambe…

Coucouroucou !… passo pel troucou, bégnis diins lou séstou.
Coucouroucou !… passe par la chatière, viens dans le panier.

*
* *

Voici deux fragments de cantilènes de la Passion :

Lou jiour dé Diéou l'inségni,   Le jour de Dieu l'enseigne (1)
Jiésu sé plonjio ton.   Jésus se plaignait tant.
N'obio bé rosou dé sé plonji   Il avait bien raison de se plaindre
Sè mouort s'opprotchio ton,   Sa mort s'approchait tant.
N'io trés qué l'occoumpognou   Il y en a trois qui l'accompagnent.
Toutes trés lou trobissou.   Tous les trois le trahissent.
L'un s'oppello porjuro,   L'un s'appelle parjure.
Et l'aoutré Boroba.   Et l'autre Barrabas,
N'in sourias pas qu'ei l'aoutré ?   Vous ne sauriez pas quel est l'autre ?
Ocouï lou traïté Juda.   C'est le traître Judas.
S'in baou jiouga-z-os cortous   Ils vont jouer aux cartes
D'oti lou gal conton,   Jusqu'au chant du coq.
Quon lés poulés contérou   Quand les poulets chantèrent
Lei jiours sé faou ton lon.   Les jours se font si longs.

. . . .

(1) Le jour de la Cène — Il faut bisser chaque vers en chantant cette cantilène.

Jiésu domondo o biouré,
Li dounérou del vinagré
Dé lo sugio dédiins.
Jiésu biouguet soun beïré
Quittét soun parlomint.

Jésus demande à boire,
On lui donna du vinaigre
Mélangé avec de la suie
Jésus but son verre
Et cessa de parler.

Coucouroucou !... passo pel troucou, bégnis diins lou sestou.
Coucouroucou !... passe par la chatière, viens dans le panier.

(1) Rébéllia bous, mes omis, lo séréno
Countomplo Jiésu-Christ o may so méro.
Jiésu lou gron, Jiésu-Christ lou tout
                              [puisson
Seï lissa pinré coumo pétchiot éfon.

. . . .

Lo Biérgio eis ol cousta, plo doulintou.
Trés obélia dé blon qué lo counsouolou.

. . . .

Un pouorto lou mortel, l'autré los tatchios.
L'un lou mouonto in crou, l'autré l'y frappo
Un lou souffléto et l'autré l'y cratchio.

. . . .

Lou paouré Louisou pouorto l'ibiasso
Lo bourio bé rompli dé bounoï gracios.
Douna nous ticouon, brabé jins ounestés,

Fosé ouo nous possa pel lo fénestro
Sé fénestro yo, lo pouorto ei bouno...

Réveillez-vous, mes amis, le serein (2)
Contemple Jésus-Christ et sa mère.
Jésus le grand, Jésus-Christ le tout puissant

S'est laissé prendre comme un petit enfant.

. . . .

La Vierge est à côté, bien dolente,
Trois habillés de blanc la consolent.

. . . .

Un porte le marteau, l'autre les clous.
L'un le monte en croix, l'autre le cloue,
Un le soufflette et l'autre lui crache.

. . . .

Le pauvre Louisou porte la besace,
Il voudrait bien la remplir de bonnes grâces.
Donnez-nous quelque chose, braves gens
                              [honnêtes,

Faites-le nous passer par la fenêtre,
S'il y a une fenêtre, la porte est bonne...

Coucouroucou !... passo pel troucou, bégnis diins lou sestou.
Coucouroucou !... passe par la chatière, viens dans le panier.

---

(1) Bisser chaque vers en chantant cette cantilène.
(2) La nuit sereine.

MARCHES D'AUVERGNE

L'Auvergne a des airs de marche autochtones, entraînants, bien rythmés et cadencés, aux refrains satiriques et narquois...

Pour la cérémonie du mariage, lorsque le cortège se rend à l'église et à la mairie, le *cabrettaïré* qui précède le cortège joue cette marche :

MARCHE NUPTIALE

En revenant de la mairie le *cabrettaïé* joue cette marche :

I

(*Allegretto*)

Ménon lo nostro nôbio,   Menons notre mariée,
Bis Ménon lo douçomin,   Menons la doucement.
    Pécaïré !   Pécaïré !

II

Couis ohyuéi qu'ei lo chiu festo.   C'est aujourd'hui qu'est sa fête.
Bis Ménon lo douçomin.   Menons la doucement.
    Pécaïré !   Pécaïré !

III

<table>
<tr><td></td><td>Sé tu lo ménés trop bisté,</td><td>Si tu la mènes trop vite.</td></tr>
<tr><td>Bis</td><td>N'ouras pas per longtimps,</td><td>(Tu) n'(en) auras pas pour longtemps</td></tr>
<tr><td></td><td>Pécaïré !</td><td>Pécaïré !</td></tr>
</table>

IV

<table>
<tr><td></td><td>Gorda pou d'ena trop bisté !...</td><td>Gardez-vous d'aller trop vite !...</td></tr>
<tr><td>Bis</td><td>Corra bou plo dé timps !...</td><td>Carrez-vous bien longtemps !...</td></tr>
<tr><td></td><td>Pécaïré !...</td><td>Pécaïré !...</td></tr>
</table>

* * *

Le lendemain du mariage, les nouveaux mariés accompagnés de leurs invités se rendent à l'église pour assister à une messe d'actions de grâces. En allant à l'église et en revenant, le *cabrettaïré* joue cette marche de retour de noce, qui engage les jeunes filles du cortège à se marier :

I

(Allegretto)

Morida-bous, modémouisello.	Mariez-vous, mademoiselle,
Morida-bous, may n'és plo timps,	Mariez-vous, car il est temps.
Morida-bous, may n'és plo timps !	Mariez-vous, car il est temps !

II

Morida-bous, modémouisello.	Mariez-vous, mademoiselle,
Morida-bous, may n'és plo timps.	Mariez-vous, car il est temps.
Bello roso del printimps !	Belle rose du printemps !

MARCHE DE BAPTÊME

I

(Allegretto)

Bololiin bololon doun diin !
Brondions lo compono, loun liin là !
Bis { Coui lou botémé dé l'éfon,
{ Bololiin bololon boun bon !

Bololiin bololon doun diin !
Secouons la cloche, loun liin là !
C'est le baptême de l'enfant,
Bololiin bololon boun bon !

II

Bololiin bololon doun diin !
Brondions lo féano, loun liin là !
Bis { Diins naou més n'in féro outon !...
{ Bololiin bololon boun bon !

Bololiin bololon doun diin !
Secouons la femme, loun liin là !
Dans neuf mois ell' en fera autant !...
Bololiin bololon boun bon !

MARCHE FUNÈBRE

I

(Allegro)

Bis Turlututu mo fenno eï mouorto,
Turlututu lo beireï plus !

Turlututu ma femme est morte
Turlututu je ne la verrai plus !

II

Bis Turlututu mo fenno eï mouorto,
Turlututu l'y pensons plus !

Turlututu ma femme est morte,
Turlututu n'y pensons plus !

III

Bis
Turlututu mo fenno cï mouorto,
Turlututu n'in coujïraï un' auto !

Turlututu ma femme est morte,
Turlututu j'en choisirai une autre !

IV

Bis
Turlututu mo fenno cï mouorto,
Turlututu n'espousoraï un' auto !

Turlututu ma femme est morte.
Turlututu j'en épouserai une autre !

C'est au son de la musette et au rythme entrainant de ces marches, que défilaient et marchaient au combat les soldats d'Auvergne : gens d'armes et arquebusiers de Louis d'Escorailles et de Gilbert de Chabannes ; compagnies et régiments d'Auvergne du maréchal de Noailles, de Philippe d'Estaing et du comte d'Anterroche.

CANTILÈNES

LA COMPLAINTE DES PÈLERINS DE SAINT-JACQUES-DE-COMPOSTELLE

Les Arvernes, comme leurs ancêtres les Gaulois, étaient d'humeur aventureuse et nomade ; ils aimaient les longs voyages, les migrations vers les pays plus riches et plus fortunés. Habitués à contempler du haut des puys et des dômes de leurs montagnes les vastes horizons..... la pauvreté du sol, la rigueur du climat les incitaient à connaître ces contrées qu'ils entrevoyaient dans les lointains azurés..... D'après *les Commentaires* de César, ils allaient autrefois dans les provinces celtibériennes par bandes même sans chefs, et leurs migrations augmentaient avec la construction des routes et des voies romaines. Ils furent attirés par les richesses et les beautés de l'Espagne, qui, sous la brillante dynastie des Ommiades, fut à l'apogée de la civilisation arabe et jouissait d'une prospérité éclatante, tandis que les autres contrées de l'Europe étaient encore plongées dans les ténèbres..... Ils furent séduits par cette terre généreuse, à la végétation luxuriante, aux fruits d'or, et aux fleurs embaumées de l'Orient.. ... avec ses mosquées et ses palais féériques, ses Alcazars et ses Alhambras merveilleuses..... qui attestent encore la grandeur et la magnificence des Khalifes de Cordoue, le génie et l'éclat de la civilisation arabe.

Au moyen-âge, le Christianisme, pour raviver et rénover la foi, créa le pèlerinage de Jérusalem, que la ferveur des fidèles transforma en croisades, grandes expéditions guerrières entreprises pour délivrer le tombeau du Christ. Plus tard, lorsque la ferveur de la foi s'atténua, ne fut plus assez vive pour soulever les masses et susciter de nouvelles expéditions, on créa des pèlerinages moins lointains où les fidèles pourraient venir raviver leur foi au pied des autels dédiés à de saints protecteurs : Saint-Jacques-de-Compostelle en Espagne; Notre-Dame-de-Lorette à Rome ; Saint-Martin-de-Tours en France. Les Auvergnats préférèrent — par tradition et habitude d'émigration — le pèlerinage de Saint-Jacques-de-Compostelle. Chaque année, de nombreux pèlerins se réunissaient au monastère d'Aurillac et partaient pour l'Espagne sous la conduite d'un abbé, d'écolâtres ou de clercs comme Gerbert (1), qui allaient à l'université de Cordoue s'instruire des sciences arabes. Au X° siècle, l'abbaye d'Aurillac fut plus célèbre que celle de Cluny, d'après l'*Histoire littéraire de la France* : « le monastère d'Aurillac (2) fut le berceau du principal renouvellement des lettres qui se fit en ce X° siècle. » Une bulle du pape Nicolas IV, en

----

(1) Gerbert naquit à Belliac, près de Saint-Simon, aux environs d'Aurillac, vers 930 : recueilli et élevé au monastère de Saint-Gérand d'Aurillac, il compléta ses études à l'université de Cordoue. A son retour, Adalbéron le choisit comme écolâtre à Reims, il fut successivement le précepteur du fils de Hugues Capet, Robert le Pieux et de l'empereur d'Allemagne Othon III.

Nommé archevêque de Reims en 991, de Ravennes en 993, il fut élu pape, sous le nom de Sylvestre II, en 999, et mourut le 12 mai 1003.

Gerbert fut le plus grand savant de son siècle ; esprit novateur, il vulgarisa les chiffres et les sciences arabes, encouragea le goût des études, exhorta les ordres religieux et les congrégations à fonder des abbayes et des monastères, composa des harmonies, recueillit des manuscrits et les fit copier dans les monastères. Il inventa les horloges à balancier et à sonnerie, il eut l'intuition de l'électricité et de la galvanoplastie.

Dans l'ordre religieux, Gerbert comprit que le christianisme devait s'imposer par la douceur et la charité de ses doctrines, la science et la sagesse de ses ministres : que le rôle de l'Eglise était d'instruire le peuple, de le soustraire à la servitude et à l'oppression des leudes, et d'abolir nombre de coutumes injustes et cruelles en usage à cette époque barbare ; que la puissance spirituelle des papes devait marcher d'accord, s'unir avec le pouvoir temporel des rois pour assurer le bien-être des citoyens, la grandeur et la prospérité des peuples. Le premier, il fit appel aux chrétiens d'Occident en faveur *de la terre sainte*, il eut l'idée des croisades. Il proscrivit la simonie des prêtres et institua la fête commémorative des morts du 2 novembre.

Dans l'ordre politique, Gerbert fut un homme de lutte et de combat. Il contribua à l'établissement de la monarchie capétienne en donnant son concours à Hugues Capet et en l'aidant à assurer son autorité sur les comtes et leudes francs. Il s'efforça de préparer une alliance entre Hugues Capet et l'empereur d'Allemagne. Il croyait que son élève, Othon III, aurait assez d'autorité et d'énergie pour porter la couronne de fer de Charlemagne et reconstituer son empire. La mort de ce prince fit échouer son projet. Gerbert mourut après quatre années de pontificat, sans avoir eu le temps de réaliser ses vastes conceptions. (*Lettres de Gerbert.*)

(2) Le monastère d'Aurillac fut fondé en 898 par Saint Gérand, comte d'Auvergne. Parmi les hommes de distinction qui furent instruits à l'abbaye d'Aurillac, en outre de Gerbert, on remarque :

Saint Odillon, né à Mercœur, le plus célèbre des abbés de Cluny. Il était abbé-directeur du monastère d'Aurillac, lorsque en 926, il fut choisi pour rétablir la discipline et organiser l'enseignement dans l'abbaye naissante de Cluny, fondée en 910, par Guillaume duc d'Aquitaine.

Saint-Robert, petit neveu de Saint Gérand, fondateur de l'abbaye de la Chaise-Dieu en 1046.

Les troubadours *Astorg* d'Aurillac et *Vidal de Bezaudun*.

Guillaume d'Auvergne, théologien distingué, fut le confident de St-Louis et évêque de Paris de 1228 à 1248.

Guillaume Beaufeti, né au château de Veyrac, près d'Aurillac, médecin de Philippe-le-Bel et évêque de Paris en 1304.

Le cordelier *Jean de Roquetaillade*, né à Yolet, célèbre par ses sermons et ses prophéties, alchimiste distingué.

Pierre des Vignes, né à Capone, chancelier de l'empereur d'Allemagne Frédéric II, fit ses études à l'abbaye d'Aurillac.

Le monastère d'Aurillac fut saccagé et détruit le 6 septembre 1569 par les protestants qui pillèrent ses richesses et brûlèrent les archives, les manuscrits précieux et les chartes originales que plusieurs générations de moines avaient recueillis.

date de 1289 mentionne que le monastère de St-Géraud d'Aurillac, possédait au XIIIe siècle plus de cent bénéfices en France, produisant 80.000 livres de rentes et dans le diocèse de Compostelle en Espagne, le prieuré, l'église et l'hôpital de Ste-Marie-du-Mont, *Ebroarium*. Beaucoup de pélerins faisaient le voyage d'Aurillac à Compostelle, couverts d'un cilice et pieds nus. Ils portaient à tour de rôle une lourde croix de chêne, leur palladium, qu'ils érigeaient à chaque étape, et autour de laquelle ils s'agenouillaient pour réciter en chœur leurs prières.

Pendant longtemps, il y eut à Aurillac une confrérie de Saint-Jacques. Le jour de la fête de leur patron, les membres de cette confrérie, leurs chapeaux garnis de coquilles, le bourdon à la main, se rendaient en procession à l'église Notre Dame, offrir à Saint-Jacques *un oignon béni*, symbole des privations et des austérités que s'imposaient les pélerins, et parcouraient la ville en chantant cette curieuse complainte, que j'ai retrouvée dans les archives. Elle est en langue romane, je la reproduis telle que je l'ai recueillie.

COMPLAINTE DES PÉLERINS DE SAINT-JACQUES-DE-COMPOSTELLE

I

Sem pelgrias dé daissa vila
Ché Orlhac proch Djordon s'apela.
Avem laïsseat paubrés effentz,
O char molhers, o nos parentz.

Nous sommes pèlerins de cette ville
Qui Aurillac près Jordanne s'appelle.
Nous avons laissé pauvres enfants,
Et chères épouses et nos parents.

II

Per andar en maï clentello
E San-Jac-dé-Campestello,
Ché Crist ché fa delh dreh evers,
Molt enriquesi myei vers.

Pour aller en grande clientèle
A Saint-Jacques-de-Compostelle,
Que Christ qui fait du droit l'envers,
Beaucoup enrichisse mes vers.

III

Del nostré ruél é ostal
Proch lo mostier di San-Guiral.
Somé sta ens lo parochio, (1)
Pels far serqua delh nostro cébio.

De notre rue et maison
Près le monastère de Saint-Géraud,
Nous sommes allés en la paroisse,
Pour aller chercher notre oignon.

IV

Y avem préga madona Vergix
Dé nos gita en paradix,
E dona gracia dé nost piaigé
Pels ben far elh san viaige.

Nous y avons prié la madone Vierge
De nous mettre en paradis,
Et nous donner grâce de nos péchés
Pour bien faire le saint voyage.

V

Kan fuerem proch elhs Bordaïga.
Fold abentura sobré maï daïga. (2)
Jes ! pecaïré ! ké debendren
Sé son Guiral né noï défen ?

Quand nous fûmes près de Bordeaux,
Il fallut s'aventurer sur beaucoup d'eau.
Jésus ! pécaïré ! Que deviendrons-nous
Si Saint-Géraud ne nous défend ?

VI

Kan fuerem e Beyone,
Proch elh païs i las Espogno.
Fold cambia bono pecunio
Por monéta moldt rougno.

Quand nous fûmes à Bayonne,
Proche le pays d'Espagne,
Il fallut changer bon argent
Contre monnaie très mauvaise.

---

(1) L'église Notre-Dame.
(2) L'estuaire de la Gironde.

VII

Kan fuerem en Vitoriès
Vederem los verdor flories,
Del joï pessan, lavendre, tymx,
En ungs deves e romoryns.

Quand nous fûmes à Vittoria
Nous vîmes les verdures fleuries.
De jolies pensées, lavande, thym,
Dans un pré du romarin.

VIII

Kan fuerem supz lo ponteit. (1)
Qual tremol al paz cong feit,
Cridion morir. A ! patz ! a ! patz !
Salva los pelgrins San-Jacz !

Quand nous fûmes sur le pont,
Qui tremble à chaque pas qu'on fait.
Nous pensions mourir. Ah ! paix ! ah ! paix!
Sauvez les pèlerins de Saint-Jacques !

IX

Ens Burgus, la friria.
Mirific avent ! nos a mostra
Ens la glieysa, pro treymor !
Ung crist sueth so suor.

A Burgos, la confrérie,
Merveilleux évènement ! nous a montré
Dans l'église, oh ! terreur !
Un christ suait sa sueur.

X

Ens la vila di Léon
Cridaram ungne canzon.
E las donas per abundanze
Vas oïr los filhs di Franze

En la ville de Léon
Nous chantâmes une chanson.
Et les dames en abondance
Allaient ouïr les fils de France.

(1) Un pont suspendu sur l'Ebre.

XI

Als mons Esturiet
Los pelgrins oren tot fret.
Ens Salvador, adorem supz genolx
Jorn e nuech clovel de la crolx.

Aux monts Asturies
Les pèlerins eurent tant froid.
A Salvador, nous adorâmes à genoux
Jour et nuit un clou de la croix.

XII

Kan fucrem ens Rivedière,
Delhs sirvens vols git en carcère
Vielh e jongs. Avem dih : li Vernatz

Sen por Guiral e por l'abat. (1)

Quand nous fûmes à Ribadavia,
Des sergents veulent nous mettre en prison
Vieux et jeunes. Nous avons dit : les
[Auvergnats
Sont pour Géraud et pour l'abbé.

XIII

Davan elh jutge li dizem :
Ché pels pregat Dielx, noï venem,
No pels far dam no damaige.
Elh jutge dith : patz, bo viaige.

Devant le juge lui dîmes :
Que pour prier Dieu, nous venions,
Non pour faire mal ni dommage.
Le juge dit : paix, bon voyage.

XIV

Sem ens Golice, ô san Jacq !
Guarda pelgrins onni pecacq,
E dona lei formaig e biada
Por far molt poïezada.

Nous sommes en Galice, ô St-Jacques !
Gardez les pèlerins de tout péché,
Et donnez leur fromage et blé
Pour faire beaucoup de tourtes. (2)

---

(1) L'abbé d'Aurillac, qui prenait sous sa protection les pèlerins se rendant à Saint-Jacques-de-Compostelle.

(2) Pains bis, de forme circulaire, du poids de 5 à 10 kilos, que l'on fait en Auvergne.

XV

<table>
<tr><td>

Preguen per mosenor l'abat,
Ché nos a tot récumfortat,
Ens la maïjo, supz lo mountogno (1)
Dé po, dé vi, et dé mongogno.
     Amen.

</td><td>

Nous priâmes pour monseigneur l'abbé,
Qui nous a bien réconforté,
En la maison, sur la montagne,
De pain, de vin, et de fricot.
     Ainsi soit-il.

</td></tr>
</table>

LE SIRVENTE DE MONTBRUN ET DE COURDE

En 1580, des rivalités s'élevèrent entre les seigneurs de Montbrun et les seigneurs de Courde, au sujet des honneurs et de la préséance à l'église paroissiale de Méallet (2). Un cadet de la maison de Montbrun se battit en 1581 contre un cadet de la maison de Courde et le tua sur le chemin du Vigean à Conrus. En 1585, François Lizet de Courde fut tué dans une rencontre avec Guy de Montclar Montbrun. Quelques années plus tard, en 1595, Jean-François Lizet voulut venger son père, et adressa un cartel à Guy de Montclar Montbrun. C'est ce dernier duel qui eut lieu aux environs du manoir de Rochehautes, qui est raconté dans le *sirvente* suivant. Il est écrit en dialecte auvergnat suivant la phonétique des habitants de Méallet. Ce *sirvente* se chantait sur l'air d'une complainte.

<table>
<tr><td>

Refrain

Montbrun et paouré Courde
Sé sount douna duel.
   Lanla !
Sé sount douna duel.
   Lanlà ! lanlà !

</td><td>

Refrain

Montbrun et pauvre Courde
Se sont battus en duel,
   Lanlà !
Se sont battus en duel.
   Lanlà ! lanlà !

</td></tr>
</table>

(1) Le mont Ebrorium.

(2) Montbrun et Courdes, villages situés dans la commune de Méallet, arrondissement de Mauriac

I

Appresta mi, madama,
Ma camisa noubiaou.

Apprêtez-moi, madame,
Ma chemise de noce.

(Refrain)

II

Biau Courde ne t'estouna,
Montbrun n'es pas grand caousa.

Beau Courde ne t'étonne pas,
Montbrun n'est pas grand chose.

(Refrain)

III

Montbrun es petiot hommé
Mas es baillant soudar.

Montbruu est petit homme
Mais vaillant soldat.

(Refrain)

IV

Ount présa la descenta,
A Montbrun sount ana.

Ils ont pris la descente,
A Montbrun ils sont allés.

(Refrain)

V

Quand sount a Rochaltos
La trompetta ount souna.

Quand ils sont à Rochehautes
Ils sonnent de la trompette.

(Refrain)

VI

Dounarias-vous, madama,
La salla s'il vous plaït ? (1)

Nous prêteriez-vous, madame,
La salle s'il vous plaît ?

(Refrain)

____

(1) La salle d'armes du château de Rochehautes.

VII

— La salla est trop petiota   La salle est trop petite
Per tenir lou combat.   Pour tenir le combat.

    (Refrain)

VIII

Et si voulès vous battré   Et si vous voulez vous battre
Vous caout delcendré ol prat.   Il vous faut descendre au pré.

    (Refrain)

IX

Descendcount per la cambi (1)   Ils descendent à travers le chanvre
Vel prat sé sount ana.   Vers le pré ils sont allés.

    (Refrain)

X

— Ché fas-tu, paouré Courde,   — Que fais-tu, pauvre Courde,
La cambi vas gasta.   Tu vas gâter le chanvre.

    (Refrain)

XI

La cambi dé madama.   Le chanvre de madame.
Té la fara paga.   Elle te le fera payer.

    (Refrain)

XII

— La cambi dé madama ?   Le chanvre de madame ?
Ei dé ché la paga.   J'ai de quoi le payer.

    (Refrain)

---

(1) À travers le champ de chanvre.

XIII

Ount présa la descenta,	Ils ont pris la descente
Al prat sount dabalas.	Au pré ils sont descendus.

(Refrain)

XIV

Lou premier colp ché tirount	Au premier coup qu'ils tirent
Courde n'es bé tomba.	Courde est tombé.

(Refrain)

XV

Ma Courde sé réléva :	Mais Courde se relève : (dit)
— Montbrun, tu es arma. (1)	— Montbrun, tu es armé.

(Refrain)

XVI

Montbrun sé déboutounu,	Montbrun se déboutonne,
Para soun estoumach.	Montre sa poitrine.

(Refrain)

XVII

Inguetta, ingueita, Courde.	Regardez, regardez, Courde,
Sé Montbrun es arma ?	Si Montbrun a une cuirasse ?

(Refrain)

XVIII

An camisa d'Hollande,	Il a chemise de Hollande,
Pourpoint dé taffetas.	Pourpoint de taffetas.

(Refrain)

______

(1) Tu as une cuirasse.

XIX

Lou secound colp ché tirount
Courde es tourna tomba.

       (Refrain)

Le second coup qu'ils tirent
Courde est encore tombé.

XX

— Té plandgé, paouré Courde,
Car tu n'as per ta part.

       (Refrain)

— Je te plains, pauvre Courde,
Car tu en as ta part.

XXI

Aneyrount à les Fouleyres
Per cerca un brancard.

       (Refrain)

On courut aux Fouleyres
Pour chercher un brancard.

XXII

Les Fouleyres sount rudes,
Vougueirount pas presta.

       (Refrain)

Les Fouleyres sont peu compatissants,
Ils ne voulurent pas le prêter.

XXIII

Sambal es houneste hommé,
Una escaga a presta.

       (Refrain)

Sambal est honnête homme,
Il a prêté une échelle.

XXIV

Lou bottount sul l'escaga,
A Montbrun l'ount pourta,

       (Refrain)

On le met sur l'échelle,
A Montbrun on le porte. (1)

---

(1) Au château de Montbrun.

XXV

Madama es brava fenna,	Madame est brave femme,
Al pourtaou es ana.	Au portail elle vient.

(Refrain)

XXVI

Imbé dé confituras,	Avec des confitures,
Et dé ragiens muscats.	Et des raisins muscats.

(Refrain)

XXVII

Alas ! lou paouré Courde	Hélas ! le pauvre Courde
N'a pougut avala !	Ne put en avaler !

(Refrain)

XXVIII

— Donc es temps, paouré Courde,	— Donc il est temps. pauvre Courde,
Sé té vos cos confessa.	Si tu veux te confesser.

(Refrain)

XXIX

Perdouno à tout lou mondé,	Il pardonne à tout le monde,
Ma Montbrun es à part.	Mais Montbrun est à part.

(Refrain)

XXX

Ma bien liéu torna diré :	Mais bientôt il dit :
Montbrun n'es pas à part.	Montbrun n'est pas à part.

(Refrain)

XXXI

— A las trés paouras fillas.	— A tes trois pauvres filles.
Ché liur vos-tu douna ?	Que leur veux-tu donner ?

(Refrain)

XXXII

Chienq milla francs caduna.
Montaut de taffetas,

          — Cinq mille francs chacune,
          (Et un) manteau de taffetas.

(Refrain)

XXXIII

— Et à las trés bastarsos,
Ché liur vos-tu douna ?

          — Et à tes trois bâtardes,
          Que leur veux-tu donner ?

(Refrain)

XXXIV

Ei chienq cents francs per illas,
Ché liur vollé douna.

          — J'ai cinq cents francs pour elles,
          Que je veux leur donner.

(Refrain)

XXXV

— Et a la paoura fenna
Ché li vos-tu douna ?

          — Et à ta pauvre femme
          Que veux-tu lui donner ?

(Refrain)

XXXVI

  Iou li douno la salla,
Jamaïs n'y portje intra.
Montbrun et paouré Courde,
     Lanla !
Sé sount douna duel,
     Lanlà ! lanlà !

          — Je lui donne la maison.
          Jamais je ne pourrai y rentrer
          Montbrun et pauvre Courde,
             Lanlà !
          Se sont battus en duel.
             Lanlà ! lanlà !

Guy de Montclar Montbrun fut poursuivi à la su'te de ce duel et de la mort de Jean-François de Courde, mais il prouva qu'il avait reçu cartel et avait été provoqué dans son château et fut grâcié. En 1599, il signa avec Jeanne de Combrel, veuve de Jean-François de Courde, un arrangement qui mit fin aux rivalités qui divisaient les deux familles.

CHANSONS

CHANSON DES MONTAGNARDS D'AUVERGNE

Refrain (1)

Vivo nos mountognos !
Son dé bous efons.
   Pécaïré !
Vivo nos mountognos,
Son dé bous éfons !
   Lonléro ! lanla !

Refrain

Vive nos montagnes !
Nous sommes de bons enfants,
   Pécaïré !
Vive nos montagnes,
Nous sommes de bons enfants !
   Lonléro ! lanla !

I

Obon sur los mountognos
   Nostros plonos.
Per nous déberti
   Nostré plosé.

Nous avons sur les montagnes
   Nos plaines,
Pour nous divertir
   (au gré de) Notre plaisir.

(Refrain)

II

Los postoureïlos
Nous serbou dè loqué.
Foson cé qué lour plé
O lour monieyro,
Ataou plo disons,
Ataou plo fosons.

Les pastourelles
Nous servent de laquais.
Nous faisons ce qui leur plait
Selon leurs désirs,
Comme elles nous disons,
Comme elles nous faisons.

(Refrain)

---

(1) Cette chanson se chante *andante* et le refrain *allegretto*.

III

Dé napo blonco
Né nous serbons pas
    Pécaïré !
Sur uno plonco
Monjion cé qu'obon,
Osséta sur un bon,
Coumo poudon.

De nappe blanche
(nous) Ne nous servons pas
    Pécaïré !
Sur une planche
Nous mangeons ce que nous avons,
Assis sur un banc,
Comme nous pouvons.

(Refrain)

IV

Fauto dé béïré
Biougon oprè lou tounel.
N'y o rè dé ton bél
Qué dé nous béyré,
Codun o nostro sét
Biouré ol golét.

Faute de verre
(nous) Bèvons après le tonneau.
(il) N'y a rien de si joli
Que de nous voir,
Chacun à notre soif
Boire à la régalade.

(Refrain)

V

Dé car dé billo
N'in monjions pas.
    Pécaïré !
Dé car dé billo
Nautrés n'in monjions pas,
Monjions des perdigaux.
Dé los bécossinos,
Qauqués lébrotaux
Courtets, grossos.

De viande des villes
(nous) N'en mangeons pas
    Pécaïré !
De viande des villes
Nous autres (nous) n'en mangeons pas,
(nous) Mangeons des perdreaux.
Des bécassines,
Quelques levrauts
Courts, grassets.

(Refrain)

VI

Ataou qué vivous	Ainsi vivent
Lei paourés mountognards,	Les pauvres montagnards
Sobons qué lei villards	(nous) Savons que les citadins
Dé nautrés risou,	Se moquent de nous,
Nautrés nous in foutor	Nous autres nous nous en fichons
Ton qué poudon.	Tant que nous pouvons.
Vivo nos mountognos !	Vive nos montagnes !
Son dé bous efons	Nous sommes de bons enfants
Pécaïré !	Péca'ré !
Vivo nos mountognos,	Vive nos montagnes,
Son dé bous efons !	Nous sommes de bons enfants !
Lonléro ! lanla !	Lonléro ! lanla !

Quelques écrivains, en ridiculisant certains types d'auvergnats, ont fait aux Auvergnats un renom peu flatteur, qui n'est pas justifié.

Comme tous les individus, les habitants de l'Auvergne ont leurs défauts. De quelques types ridicules — on en rencontre autant ailleurs qu'en Auvergne — il ne faut pas présumer de tous, *ab uno non dice omnes*.

A l'abri des montagnes d'Auvergne, les Auvergnats ont moins subi le mélange des invasions. l'alliance des races, que les habitants des autres provinces. S'ils ont conservé certains procédés routiniers, des habitudes et des usages défectueux, peu conformes au progrès et à l'hygiène, un esprit individualiste qui les rend parfois jaloux, envieux, prompts à la critique, ils ont gardé aussi les qualités caractéristiques de la race Gauloise : la vigueur physique, l'énergie, la ténacité, la fierté, l'humeur aventureuse qui les incite aux migrations, l'amour de la liberté et de l'indépendance, l'humour narquois, cette verve gauloise, pétillante d'esprit et de gaîté, que l'on remarque souvent chez les paysans et les montagnards, malgré leur apparence fruste et rustique, leurs manières gauches ; l'attachement au sol natal, qui provoque chez les émigrants de nostalgiques souvenirs, les incite au retour, et leur fait préférer le pays natal, ce coin de terre qui leur sourit plus que tous les autres, comme dit Horace :

> *Ille terrarum mihi præter omnes*
> *Angulus ridet...*

Comme l'Auvergne, les Auvergnats méritent d'être mieux connus et plus appréciés.

*

LES ANCIENNES CÉRÉMONIES
des FÊTES de Ste-CHRISTINE et de Ste-MADELEINE a SAINT-FLOUR

Autrefois, on célébrait avec solennité, à Saint-Flour, les fêtes de Ste-Christine et de Ste-Marie Madeleine.

La fête de Ste-Christine durait trois jours, en commémoration du triple martyre de cette sainte (1). La veille de la fête, les bayles et les notables de la ville, précédés de joueurs de *cabrette* (2), de tambour et de fifre, allaient chercher le curé de l'église Ste-Christine, et l'accompagnaient sur la place Ste Christine où l'on avait érigé un grand bûcher. Le curé, revêtu de ses habits de chœur, mettait le feu au bûcher avec une torche faite de résine, de poix et d'huile — en souvenir du martyre que Ste-Christine subit sous Dioclétien — et entonnait le *Te Deum*, que la foule chantait en chœur, pendant que brûlait le feu de joie. Le jour de la fête, il y avait grand'messe solennelle : l'évêque, revêtu de ses habits épiscopaux, officiait. A la fin de la messe, les fidèles, portant la statue de Ste-Christine, des bannières, des fouaces au bout de fourches de fer, se rendaient en procession sur les bords du ruisseau d'Andes ou de l'Arder, couper des branches vertes et cueillir des fleurs pour faire des palmes et des couronnes, tandis que les cloches des églises sonnaient de joyeux carillons. Les bayles distribuaient du vin et des fouaces aux enfants. Au retour, un grand banquet populaire, présidé par l'évêque,

---

(1) Suivant la légende, Ste-Christine était la fille d'un préteur romain, nommé Urbain, qui, furieux de voir sa fille convertie au christianisme, la fit torturer et jeter sur un bûcher. Mais les flammes la respectèrent et brûlèrent plus de mille spectateurs qui se pressaient autour du bûcher pour voir son supplice. Sous l'empereur Dioclétien, Ste Christine fut plongée dans une chaudière pleine d'huile, de résine et de poix bouillantes : elle en sortit plus jeune et plus belle. Plus tard, Julien l'Apostat la fit mûrer dans une fournaise ardente. Pendant cinq jours, on l'entendit chanter les louanges du Seigneur, rendre grâces à Dieu et prier pour ses persécuteurs. Le cinquième jour l'on vit son âme, sous la forme d'une blanche colombe, s'envoler vers le ciel, escortée par des anges.

(2) Musette, cornemuse d'Auvergne.

entouré des bayles, des membres du clergé et des confréries, réunissait
tous les fidèles. Le lendemain de la fête, on célébrait en grande pompe
une messe d'actions de grâces, suivie de la cérémonie de la bénédiction des
pains et des couronnes, et de distributions de pain et de sel aux pauvres.
Le troisième jour, on chantait un office solennel pour les défunts, à l'église
Ste-Christine, drapée de tentures noires. Les hommes se tenaient debout
autour du catafalque, un cierge allumé à la main, tandis que les roulements
funèbres du tambour et la voix plaintive de la *cabrette* alternaient avec les
chants de l'officiant et des chantres.

Le jour de la fête de Ste-Madeleine, il y avait grand' messe solennelle à la
cathédrale. Après la messe, les fidèles se rendaient en procession dans les autres églises, chapelles et oratoires de la ville : Ste-Christine, Fridière, La Re-
cluse, Notre-Dame de-Pitié, du Bon Secours, de La Providence, etc., montaient
au Calvaire chanter un *Te Deum* et revenaient à la cathédrale assister à un
salut solennel. L'après-midi, les habitants se réunissaient sur la grande place
pour voir jouer *le Mystère de Ste-Madeleine*.

Pendant ces processions, les membres des différentes confréries : Pauvres
Frères, Dominicains ou Jacobins, Cordeliers, religieux de la maladrerie St-
Thomas, pénitents blancs et noirs, etc., chantaient des cantiques et de pieuses
chansons dans le genre de celle-ci, que la tradition orale a conservée :

LA CONVERSION DE MADELEINE

I

(Andante)

	Dobon d'intra dédüins lo gleijio,	Avant d'entrer à l'église,
Bis	O lo gleijio d'o Son-Flour.	A l'église de Saint-Flour.
	Jiésu ! Jiésu !	Jésus ! Jésus !
	O lo gleijio d'o Son-Flour,	A l'église de Saint-Flour.
	Jiésu dou !	Jésus doux !

II

Bis {
Lou Boun Diéou et la Sinto Bierjio
Sé préménaugou toutéi dous,
Jiésu ! Jiésu !
Sé préménaugou toutéi dous.
Jiésu dou !

Le Bon Dieu et la Sainte Vierge
Se promenaient tous les deux,
Jésus ! Jésus !
Se promenaient tous les deux.
Jésus doux !

III

Bis {
N'in roncountrérou Modéléno
Qué jiougaugo on lei garçous,
Jiésu ! Jiésu !
Qué jiougaugo on lei gorçous,
Jiésu dou !

Il rencontrèrent Madeleine.
Qui jouait avec les garçons.
Jésus ! Jésus !
Qui jouait avec les garçons,
Jésus doux !

IV

Bis {
Lo Sinto Bierjio li domondé :
Boulès bégnis ommé nautés ?
Jiésu ! Jiésu !
Boulés bégnis ommé nautés ?
Jiésu dou !

La Sainte Vierge lui demanda :
Voulez-vous venir avec nous ?
Jésus ! Jésus !
Voulez-vous venir avec nous ?
Jésus doux !

V

Bis {
Mè Modéléno li respoundet :
Bautés ménay pas dé gorçous,
Jiésu ! Jiésu !
Bautés ménay pas dé garçous,
Jiésu dou !

Mais Madeleine lui répondit :
(vous autres) Vous ne menez pas de garçons.
Jésus ! Jésus !
(vous autres) Vous ne menez pas de garçons,
Jésus doux !

VI

Lo Sinto Bierjio li respoundet:
Bis Ménè lou pé bél ce toutés,
Jiésu ! Jiésu !
Ménè lou pé bel dé toutés,
Jiésu dou !

La Sainte Vierge lui répondit :
Je conduis le plus beau de tous,
Jésus ! Jésus !
Je conduis le plus beau de tous.
Jésus doux !

VII

Lo pringuérou et lo ménérou
Bis O lo gleijio d'o Son-Flour,
Jiésu ! Jiésu !
O lo gleijio d'o Son-Flour,
Jiésu dou !

Ils la prirent, la conduisirent
A l'église de Saint-Flour,
Jésus ! Jésus !
A l'église de Saint-Flour,
Jésus doux !

VIII

Toutin rintrin dédiins lo gleijio,
Bis Lou bénitier fojio lou tour,
Jiésu ! Jiésu !
Lou bénitier fojio lou tour.
Jiésu dou !

Tout en rentrant dans l'église,
Le bénitier faisait le tour (1)
Jésus ! Jésus !
Le bénitier faisait le tour.
Jésus doux !

IX

Toutin mountin dédiins lo gleijio,
Bis Lei outals li respoundiou.
Jiésu ! Jiésu !
Lei outals li respoundiou,
Jiésu dou !

Tout en montant dans l'église,
Les autels lui répondaient (2).
Jésus ! Jésus !
Les autels lui répondaient,
Jésus doux !

---

(1) Fuyait Madeleine.

(2) Les autels faisaient écho aux plaintes de Madeleine.

X

Bis {
Mè, léi piéou dé lo Modéléno
N'in fropaougou ses togou.
   Jiésu ! Jiésu !
N'in fropaougou ses togou.
   Jiésu dou !

Mais les cheveux de Madeleine
Lui tombaient jusqu'aux talons (1).
   Jésus ! Jésus !
Lui tombaient jusqu'aux talons.
   Jésus doux !

XI

Bis {
L'au péniado oméno pintché
Omé pintché d'orjintou,
   Jiésu ! Jiésu !
Omé pintché d'orjintou
   Jiésu dou !

On l'a peignée avec un peigne
Avec un peigne d'argent,
   Jésus ! Jésus !
Avec un peigne d'argent
   Jésus doux !

XII

Bis {
L'au tressado omé set aounos
On set aounos dé goloun,
   Jiésu ! Jiésu !
On set aounos dé goloun.
   Jiésu dou !

On l'a tressée avec sept aunes
Avec sept aunes de galon
   Jésus ! Jésus !
Avec sept aunes de galon.
   Jésus doux !

* * *

Par les *cans* et les brousses fleuries du canton de Montsalvy, *repastils* de nombreux troupeaux de *fédos* ; dans ses fertiles et frais vallons ombragés

---

(1) Au moyen-âge, il était interdit aux pénitents publics de pénétrer dans la nef des églises, et de se placer au-delà du bénitier. Ils assistaient aux offices religieux, pieds nus, agenouillés sous le porche, près de la porte des églises, la tête parfois couverte de cendres, comme marque d'humilité et de contrition. Les pénitentes publiques dénouaient leurs cheveux lorsqu'elles allaient à l'église et se couvraient le visage de leurs cheveux, en signe de repentir et de pénitence. Elles ne se montraient à visage découvert et peignées que lorsqu'elles avaient reçu l'absolution de leurs péchés. Les pénitentes de marque recevaient des évêques des rubans et des galons pour tresser leurs cheveux.

d'arbres fruitiers, arrosés par de limpides ruisseleis... on entend souvent la voix joyeuse ou mélancolique d'une *pastro* qui chante cette chanson, en contemplant la splendeur des prés bleus des cieux...

LA SAINT-JEAN

(Larghetto)

Otio Sint-Jion qu'oribo,
    Lo bello lo !
    E lo diron lo !
Otio Sint-Jion qu'oribo,
    Lo bello lou lé !

Voilà la Saint-Jean qui arrive,
    La belle lo !
    E lo diron lo !
Voilà la Saint-Jean qui arrive,
    La belle lon lé !

II

Et léi bartos flourissou,
    Lo bello lo !
    E lo diron lo !
Et léi bartos flourissou,
    Lo bello lon lé !

Et les genêts fleurissent,
    La belle lo !
    E lo diron lo !
Et les genêts fleurissent,
    La belle lon lé !

III

Léi mestré s'odouchissou,
    Lo bello lo !
    E lo diron lo !
Léi mestré s'odouchissou,
    Lo bello lon lé !

Les maîtres sont plus doux,
    La belle lo !
    E lo diron lo !
Les maîtres sont plus doux,
    La belle lon lé !

IV

Trouboroou pas dé pastro,
    Lo belle lo !
    E lo diron lo !
Trouboroou pas dé pastro,
    Lo bello lon lé !

Ils ne trouveront pas de pastoure,
    La belle lo !
    E lo diron lo !
Ils ne trouveront pas de pastoure,
    La belle lon lé !

V

Et mountoroou ol Frachy,
    Lo bello lo !
    E lo diron lo !
Et mountoroou ol Frachy,
    Lo bello lon lè !

Ils monteront au Fraisse (1),
    La belle lo !
    E lo diron lo !
Ils monteront au Fraisse.
    La belle lon lé !

VI

Couro qu'onou ol Frachy,
    Lo bello lo !
    E lo diron lo !
Couro qu'onou ol Frachy,
    Lo bello lon lè !

Il faudra qu'ils aillent au Fraisse,
    La belle lo !
    E lo diron lo !
Il faudra qu'ils aillent au Fraisse,
    La belle lon lé !

VII

Mé, n'ouraou pas per toutés,
    Lo bello lo !
    E lo diron lo !
Mè, n'ouraou pas per toutés,
    Lo bello lon lè !

Mais, ils n'en auront pas pour tous,
    La belle lo !
    E lo diron lo !
Mais, ils n'en auront pas pour tous.
    La belle lon lé !

VIII

N'oroou o Locopello,
    Lo bello lo !
    E lo diron lo !
N'oroou o Locopello,
    Lo bello lon lè !

Ils iront à Lacapelle,
    La belle lo !
    E lo diron lo !
Ils iront à Lacapelle,
    La belle lon lé !

---

(1) Le Fraisse, village près de Lacapelle, canton de Montsalvy.

IX

Copello sou goréllos,
   Lo bello lo !
   E lo diron lo !
Copello sou goréllos,
   Lo bello lon lè !

A Lacapelle elles sont boiteuses,
   La belle lo !
   E lo diron lo !
A Lacapelle elles sont boiteuses,
   La belle lon lé !

X

Quaou gordoro lèi fédos ?
   Lo bello lo !
   E lo diron lo !
Quaou gordoro lèi fédos ?
   Lo bello lon lè !

Qui gardera les brebis ?
   La belle lo !
   E lo diron lo !
Qui gardera les brebis ?
   La belle lon lé :

XI

Couro qué lo mestro l'ioné,
   Lo bello lo !
   E lo diron lo !
Couro qué lo mestro l'ioné,
   Lo bello lon lè !

Il faudra que la maîtresse y aille,
   La belle lo !
   E lo diron lo !
Il faudra que la maîtresse y aille,
   La belle lon lé !

XII

N'in toumboro molaoudo,
   Lo bello lo !
   E lo diron lo !
N'in toumboro molaoudo,
   Lo bello lon lè !

Elle tombera malade,
   La belle lo !
   E lo diron lo !
Elle tombera malade,
   La belle lon lé !

XIII

Li forin uno tisono,
   Lo bello lo !
   E lo diron lo !
Li forin uno tisono,
   Lo bello lon lè !

Nous lui ferons une tisane,
   La belle lo !
   E lo diron lo !
Nous lui ferons une tisane,
   La belle lon lé !

XIV

Om'un jinou d'ogasso (1),   Avec un genou d'agace (1),
    Lo bello lo !   La belle lo !
    E lo diron lo !   E lo diron lo !
Om'un jinou d'ogasso,   Avec un genou d'agace,
    Lo bello lon lè !   La belle lon lé !

XV

— Qué bous o fa lo mestro ?   — Que vous a fait la maitresse ?
    Lo bello lo !   La belle lo !
    E lo diron lo !   E lo diron lo !
— Qué bous o fa lo mestro ?   — Que vous a fait la maitresse ?
    Lo bello lon lè !   La belle lon lé !

XVI

— N'éro jiomay countinto,   — Elle n'était jamais contente,
    Lo bello lo !   La belle lo !
    E lo diron lo !   E lo diron lo !
— N'éro jiomay countinto,   — Elle n'était jamais contente,
    Lo bello lon lè !   La belle lon lé !

XVII

M'o countados léi fusados,   Elle m'a compté les fusées,
    Lo bello lo !   La belle lo !
    E lo diron lo !   E lo diron lo !
M'o countados léi fusados,   Elle m'a compté les fusées,
    Lo bello lon lè !   La belle lon lé !

____

(1) Chanson satirique sur le dévouement et la fidélité des domestiques.

XVIII

Jiomay n'érou prou grossos,   Jamais elles n'étaient assez grosses,
  Lo bello lo !   La belle lo !
  E lo diron lo !   E lo diron lo !
Jiomay n'érou prou grossos,   Jamais elles n'étaient assez grosses,
  Lo bello lon lè !   La belle lon lé !

XIX

— Qué bous o fa-lou mestré ?   — Que vous a fait le maître ?
  Lo bello lo !   La belle lo !
  E lo diron lo !   E lo diron lo !
— Qué bous o fa lou mestré ?   — Que vous a fait le maître ?
  Lo bello lon lè !   La belle lon lé !

XX

— Et jiomay n'éro countin,   — Et jamais il n'était content.
  Lo bello lo !   La belle lo !
  E lo diron lo !   E lo diron lo !
— Et jiomay n'éro countin,   — Et jamais il n'était content.
  Lo bello lon lè !   La belle lon lé !

XXI

M'o countados lei fédos,   Il m'a compté les brebis,
  Lo bello lo !   La bello lo !
  E lo diron lo !   E lo diron lo !
M'o countados lei fédos.   Il m'a compté les brebis,
  Lo bello lon lè !   La bello lon lé !

XXII

Jiomay n'érou prou grassos,   Jamais elles n'étaient assez grasses.
  Lo bello lo !   La belle lo !
  E lo diron lo !   E lo diron lo !
Jiomay n'érou prou grassos,   Jamais elles n'étaient assez grasses,
  Lo bello lon lè !   La bello lon lé !

*
* *

Morgoritou (Marguerite) est, avec la *Grondo*, la chanson préférée des bouviers et des laboureurs. Son rythme lent s'accorde avec le pas tranquille des jolis bœufs d'Auvergne, aux formes élégantes, à la robe pourprée, qui traînent encore l'antique *karré* celtique et la *layré* primitive. Ses accents sonores conviennent aux voix graves et puissantes des rudes travailleurs de la glèbe qui, en accomplissant leur pénible labeur, envoient aux échos retentissants des vallons cette vibrante mélodie, qui berce leurs rêveries, et leur fait oublier les fatigues et le rugueux baiser de la terre....

MORGORITOU (1)

I

(Moderato)

Jiou lou pont d'o Mirobel,	Sous le pont de Mirabel,
Morgoritou lobaouo,	Marguerite lavait,
Conta roussignoulét !	Chantez rossignolet !
Morgoritou lobaouo.	Marguerite lavait.

II

N'in minguérou o possa,	Il vint à passer
Tres coumpognouns d'ormado,	Trois compagnons d'armée,
Conta roussignoulét !	Chantez rossignolet !
Tres coumpognouns d'ormado.	Trois compagnons d'armée.

III

— Eh ! so diguet lou prémié,	— Eh ! s'écria le premier,
Oï ! cogno jionto damo !	Oh ! quelle jolie dame !
Conta roussignoulét !	Chantez rossignolet !
Oï ! cogno jionto damo !	Oh ! quelle jolie dame !

---

(1) Chanson satirique sur les belles-mères.

IV

— Eh ! so diguet lou ségoun,　　　　— Eh ! s'écria le second,
L'ouguessé yéou eymado !　　　　　　Que ne l'ai-je aimée !
Conta roussignoulét !　　　　　　　　Chantez rossignolet !
L'ouguessé yéou eymado !　　　　　　Que ne l'ai-je aimée !

V

— Eh ! so diguet lou dorié,　　　　— Eh ! s'écria le dernier,
Lissat, lissat lo damo,　　　　　　　Laissez, laissez la dame,
Conta roussignoulét !　　　　　　　　Chantez rossignolet !
Lissat, lissat lo damo.　　　　　　　Laissez, laissez la dame.

VI

Sé soun mari ono sobio,　　　　　　Si son mari le savait,
Sorio for maou trotado,　　　　　　Elle serait fort mal traitée,
Conta roussignoulét !　　　　　　　　Chantez rossignolet !
Sorio for maou trotado.　　　　　　Elle serait fort mal traitée.

VII

So bello mèro nèro　　　　　　　　　Sa belle-mère était
Ol jiordiin qu'escoutaougo,　　　　Au jardin qui écoutait,
Conta roussignoulét !　　　　　　　　Chantez rossignolet !
Ol jiordiin qu'escoutaougo.　　　　Au jardin qui écoutait.

VIII

Et s'in bay trouba soun fil :　　　Elle s'en va trouver son fils :
— Moun fil, oun d'as to fenno ?　　— Mon fils, où as-tu ta femme ?
Conta roussignoulét !　　　　　　　　Chantez rossignolet !
Moun fil, oun d'as to fenno ?　　　Mon fils, où as-tu ta femme ?

IX

Jiou lou pont d'o Mirobel,	Sous le pont de Mirabel,
Qué raillo, qué lo raillou…	Elle raille, on la plaisante…
Conta roussignoulét !	Chantez rossignolet !
Qué raillo, qué lo raillou…	Elle raille, on la plaisante…

X

Mé, gél n'opret un paou.	Mais, lui saisit un pieu
Dé so grouosso pougnado,	De sa grosse main,
Conta roussignonlét !	Chantez rossignolet !
Dé so grouosso pougnado.	De sa grosse main.

XI

Ol prémié qué nio douna,	Au premier (coup) qu'il lui donna,
Tres couostos nio infounça,	Trois côtes, il lui enfonça,
Conta roussignoulét !	Chantez rossignolet !
Tres couostos nio infounça.	Trois côtes il lui enfonça.

XII

Ol ségoun qué nio douna,	Au second (coup) qu'il lui donna,
Ol liét lo no métudo,	Au lit il l'a mise,
Conta roussignoulét !	Chantez rossignolet !
Ol liét lo no métudo.	Au lit il l'a mise.

XIII

So bello mèro diintro.	Sa belle-mère entre.
— Bous fosé l'estounado ?	Vous faites l'étonnée ?
Conta roussignoulét !	Chantez rossignolet !
— Bous fosé l'estounado ?	— Vous faites l'étonnée ?

XIV

Léba lou cap del linçoou,
Oquel dé lo flossado.
Conta roussignoulét !
Oquel dé lo flossado.

Levez le coin du linceul,
Celui de la couverture,
Chantez rossignolet !
Celui de la couverture.

XV

Et otito bou béyrés
Sé you faou l'estounado,
Conta roussignoulét !
Sé you faou l'estounado.

Et là vous verrez
Si moi je fais l'étonnée,
Chantez rossignolet !
Si moi je fais l'étonnée.

XVI

N'aou trouba lou liet in song
Et lo créoturo ol miet,
Conta roussignoulét !
Et lo créoturo ol miet.

On trouva le lit en sang
Et la créature au milieu,
Chantez rossignolet !
Et la créature au milieu.

XVII

So bello mèro diguet :
Testomin bous caou fayré,
Conta roussignoulét !
Testomin bous caou fayré.

Sa belle-mère lui dit :
Testament il faut faire,
Chantez rossignolet !
Testament il faut faire.

XVIII

— Lou testomin qué foraï,
Bous serbiro pas gaïré,
Conta roussignoulét !
Bous serbiro pas gaïré.

— Le testament que je ferai,
Ne vous servira pas beaucoup,
Chantez rossignolet !
Ne vous servira pas beaucoup.

XIX

<table>
<tr><td>

Lo mio raougo dé bélou,
O lo Bierjio lo douoné,
Conta roussignoulét !
O lo Bierjio lo douoné.

</td><td>

Ma robe de velours
A la Vierge je la donne.
Chantez rossignolet !
A la Vierge je la donne.

</td></tr>
</table>

XX

<table>
<tr><td>

Et toul lou linjié ménu,
O mo souoré lo juéino,
Conta roussignoulét !
O mo souoré lo juéino.

</td><td>

Et tout le linge petit,
A ma sœur la jeune,
Chantez rossignolet !
A ma sœur la jeune.

</td></tr>
</table>

XXI

<table>
<tr><td>

Moun mori siasco pindu,
Mo bello mèro burlé,
Conta roussignoulét !
Mo bello mèro burlé.

</td><td>

Mon mari soit pendu,
Ma belle-mère brûlée,
Chantez rossignolet !
Ma belle-mère brûlée.

</td></tr>
</table>

XXII

<table>
<tr><td>

Jiou lou pont d'o Mirobel,
Seis cindrés siou bintados,
Conta roussignoulét !
Seis cindrés siou bintados.

</td><td>

Sous le pont de Mirabel,
Ses cendres soient ventées,
Chantez rossignolet !
Ses cendres soient ventées.

</td></tr>
</table>

***

Pendant les plantureux repas des jours de fête, aux diners de noce ou de réunions plus intimes, avant de préluder aux danses et de virer des bourrées aux accents joyeux de la cabrette, les convives chantent des chansons, notamment ces deux anciennes *rétroenza* : JOLI GALANT et LA VIEILLE, et répètent en chœur leurs gais refrains :

<table>
<tr><td>

Jionté golon sé tu m'eymaougué,
Yiou té forio ritché mertchion,
 Brabé ! brabé !
Yiou té forio ritché mertchion,
 Brabé golon !

</td><td>

Joli galant si tu m'aimais,
Je te ferais riche marchand,
 Joli ! joli !
Je te ferais riche marchand,
 Joli galant !

</td></tr>
</table>

Laritoul lal-là ! laritoul lal-lèro !

. . . .

Laritoul lal-là !

JOLI GALANT

(Refrain)

(Andante)

<table>
<tr><td>

Jionté golon sé tu m'eymaougué,
Yiou té forio ritché mertchion,
 Brabé ! brabé !
Yiou té forio ritché mertchion,
 Brabé golon !

</td><td>

Joli galant si tu m'aimais,
Je te ferais riche marchand,
 Joli ! joli !
Je te ferais riche marchand,
 Joli galant !

</td></tr>
</table>

I

<table>
<tr><td>

Jionté golon sé tu m'eymaougué,
Yiou té forio ritché mertchion,
 Brabé ! brabé !
Yiou té forio ritché mertchion,
 Brabé golon !
Bis Té dounorio quatre-biin fédos,
Codunos ouriou lour oniel blon,
 Brabé ! brabé !
Codunos ouriou lour oniel blon,
 Brabé golon !

</td><td>

Joli galant si tu m'aimais,
Je te ferais riche marchand,
 Joli ! joli !
Je te ferais riche marchand,
 Joli galant !
Je te donnerais quatre-vingts brebis,
Chacune aurait son agneau blanc,
 Joli ! joli !
Chacune aurait son agneau blanc,
 Joli galant !

</td></tr>
</table>

II

<table>
<tr><td>

Jionté golon sé tu m'eymaougué,
Yiou té forio ritché mertchion,
    Brabé ! brabé !
Yiou té forio ritché mertchion,
    Brabé golon !
Bis Té dounorio quatre-biin bacos,
Codunos ouriou lour coular d'ouor,
    Brabé ! brabé !
Codunos ouriou lour coular d'ouor,
    Brabé golon !

</td><td>

Joli galant si tu m'aimais,
Je te ferais riche marchand,
    Joli ! joli !
Je te ferais riche marchand
    Joli galant !
Je te donnerais quatre-vingts vaches,
Chacune aurait son collier d'or,
    Joli ! joli !
Chacune aurait son collier d'or,
    Joli galant !

</td></tr>
</table>

III

<table>
<tr><td>

Jionté golon sé tu m'eymaougué,
Yiou té forio ritché mertchion,
    Brabé ! brabé !
Yiou té forio ritché mertchion,
    Brabé golon !
Bis Té dounorio quatre-biin mulos,
Codunos ouriou lour brido d'ouor,
    Brabé ! brabé !
Codunos ouriou lour brido d'ouor,
    Brabé golon !

</td><td>

Joli galant si tu m'aimais,
Je te ferais riche marchand,
    Joli ! joli !
Je te ferais riche marchand,
    Joli galant !
Je te donnerais quatre-vingts mules,
Chacune aurait sa bride d'or,
    Joli ! joli !
Chacune aurait sa bride d'or,
    Joli galant !

</td></tr>
</table>

IV

<table>
<tr><td>

Jionté golon sé tu m'eymaougué,
Yiou té forio ritché mertchion,
    Brabé ! Brabé !
Yiou té forio ritché mertchion,
    Brabé golon !
Bis Té dounorio uno bello caïsso,
Touto romplido d'escus blon,
    Brabé ! brabé !
Touto romplido d'escus blon,
    Brabé golon !

</td><td>

Joli galant si tu m'aimais,
Je te ferais riche marchand,
    Joli ! joli !
Je te ferais riche marchand,
    Joli galant !
Je te donnerais une grande caisse,
Toute remplie d'écus blancs,
    Joli ! joli !
Toute remplie d'écus blancs,
    Joli galant !

</td></tr>
</table>

** **

LA VIEILLE

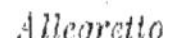

Allegretto

Giocoso

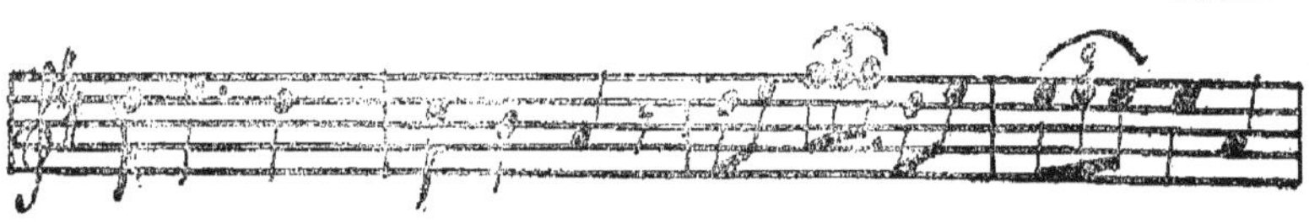

II

Bis	Sé troubet un goillard juin'omé,	Elle trouva un gaillard jeune homme,
	Ol prémié tour qué foguet,	Au premier tour qu'elle fit,
	La ritoul lal-là ! la ritoul lal-lèro !	La ritoul lal-là ! la ritoul lal-lèro !
	Ol prémié tour qué foguet,	Au premier tour qu'elle fit,
	La ritoul lal-là !	La ritoul lal-là !

III

Bis — Déyo-mé tu, goillard juin'omé,   — Ecoute-moi, gaillard jeunehomme,
Bouolés-tu té morida ?   Veux-tu bien te marier ?
La ritoul lal-là ! la ritoul lal-lèro !   La ritoul lal-là ! la ritoul lal-lèro !
Bouolés-tu té morida ?   Veux-tu bien te marier ?
La ritoul lal-là !   La ritoul lal-là !

IV

Bis — Noun pas on tu, bieilho roussasso,   — Non pas avec toi, vieille rosse,
N'as qu'uno dint tromblonto,   T'as qu'une dent tremblante,
La ritoul lal-là ! la ritoul lal-lèro !   La ritoul lal-là ! la ritoul lal-lèro !
N'as qu'uno dint tromblonto,   T'as qu'une dent tremblante,
La ritoul lal-là !   La ritoul lal-là !

V

Bis — Ei chiin bacos o lo mountogno,   — J'ai cinq vaches à la montagne,
Coduno soun coular d'ouor,   Chacun' a son collier d'or,
La ritoul lal-là ! la ritoul lal-lèro !   La ritoul lal-là ! la ritoul lal-lèro !
Coduno soun coular d'ouor,   Chacun' a son collier d'or,
La ritoul lal-là !   La ritoul lal-là !

VI

Bis — Ei chiin fédos o moun estaplé,   J'ai cinq brebis dans mon étable,
Coduno soun ognél blon,   Chacun' a son agneau blanc,
La ritoul lal-là ! la ritoul lal-lèro !   La ritoul lal-là ! la ritoul lal-lèro !
Coduno soun ognél blon,   Chacun' a son agneau blanc,
La ritoul lal-là !   La ritoul lal-là !

VII

Bis — Ei chiin borriquos dé bi rougi,
 Aoutréton dé boun bi blon,
 La ritoul lal-là ! la ritoul lal-lèro !
 Aoutréton dé boun bi blon,
  La ritoul lal-là !

J'ai cinq barriques de vin rouge,
 Tout autant de bon vin blanc,
 La ritoul lal-là ! la ritoul lal-lèro !
 Tout autant de bon vin blanc.
  La ritoul lal-là !

VIII

Bis — Ton min diras, bieilho roussasso,
 Qué mé foras morida,
 La ritoul lal-là ! la ritoul lal-lèro !
 Qué mé foras morida,
  La ritoul lal-là !

— Tu m'en diras tant, vieille rosse,
 Qu' tu me feras marier,
 La ritoul lal-là ! la ritoul lal-lèro !
 Qu' tu me feras marier,
  La ritoul lal-là !

IX

Bis Sé lou dissaté lo baou beyré,
 Lou diimmergué faou sounna,
 La ritoul lal-là ! la ritoul lal-lèro !
 Lou diimmergué faou sounna,
  La ritoul lal-là !

Si le samedi je vais la voir,
 L' dimanche je fais sonner,
 La ritoul lal-là ! la ritoul lal-lèro !
 L' dimanche je fais sonner,
  La ritoul lal-là !

X

Bis Sé dilu lo bieilho espouzo,
 On lo cobretto dobon,
 Dounons-li boun bon ! Brondissons
    [lo bieilho !
 On lo cobretto dobon,
  Dounons-li boun bon !

Si lundi la vieille m'épouse,
 Avec l' cabrette devant,
 Donnons-lui du cœur ! Secouons la
    [vieille !
 Avec l' cabrette (1) devant,
  Donnons-lui du cœur ! (2)

---

(1) Musette, cornemuse d'Auvergne.
(2) Littéralement : donnons lui bon courage.

XI

Bis Sé dimar lo bicilho in terro,
   On lo cobretto dobon,
   Dounons-li lou bon ! Brondissons lo
                 [bieilho !
   On lo cobretto dobon,
    Bololiin bon-bon !

Si mardi l'on enterr' la vieille,
   Avec l' cabrette devant,
   Donnons-lui bon vent ! (1) Secouons
                [la vieille !
   Avec l' cabrette devant,
    Bololiin bon-bon !

XII

Bis Sé lou diméeré lei noubénos.
   Lou déjiéou lou ca dé l'on,
   La ritoul lal-là ! la ritoul lal-lèro !
   Lou déjiéou lou ca dé l'on,
    Bololiin bon-bon !

Si c'est mercredi les neuvaines,
   Le jeudi le bout de l'an,
   La ritoul lal-là ! la ritoul lal-lèro !
   Le jeudi le bout de l'an.
    Bololiin bon-bon !

XIII

Bis On l'orjin dé lo paouro bicilho,
   N'in trouborin dé quinz' ons.
   La ritoul lal-là ! la ritoul lal-lèro !
   N'in trouborin dé quinz' ons,
    Bololiin bon-bon !

Avec l'argent d' la pauvre vieille
   Nous en trouverons d' quinz' ans.
   La ritoul lal-là ! la ritoul lal-lèro !
   Nous en trouverons d' quinz' ans,
    Bololiin bon-bon !

* * *

Qu'on té coustabou ?
Qu'on té coustabou
  Tes esclots ?

Combien te coûtaient ?
Combien te coûtaient
  Tes sabots ?

chantent, là-haut sur les monts, les pâtres qui estivent les *baccados*, les vacheries, autour des masuts, sur les vertes montagnes aux herbes parfumées....

___

(1) Renvoyons la sans regret.

<table>
<tr><td>

Quond'érou,
Quond'érou
   Nioau ?

</td><td>

Lorsqu'ils étaient,
Lorsqu'ils étaient
   Neufs ?

</td></tr>
</table>

redisent les pastourels, en courant pieds nus après les troupeaux *bédels ouo bochibo qué izaugou* qui fuient par la fumade et les *aygades,* sous la piqûre des taons avides de sang....

<table>
<tr><td>

Biingt soaus coustabou,
Biingt soaus coustabou
   Més esclots !

</td><td>

Vingt sous coûtaient,
Vingt sous coûtaient
   Mes sabots !

</td></tr>
</table>

chante le vacher, assis au sommet d'un puy, ou *quilliat* debout sur un roc escarpé, cherchant à reconnaître dans les lointains vaporeux *lo bouorio* la ferme ou le hameau natal.... suivant d'un regard rêveur les torrents qui dévalent, se précipitent en cascatelles écumantes parmi les rochers erratiques, s'engouffrent dans les gorges sauvages, et reparaissent là-bas, clairs ruisseaux ou rivières tranquilles, qui serpentent dans les vertes prairies, s'attardent à l'ombre des bois, des peupliers et des vergnes, mirent dans leurs eaux limpides les sites agrestes, les bourgs pittoresques et les vieux castels qui bordent leurs rives, déroulent en lacets sinueux leur ruban argenté au milieu des fertiles et riantes vallées, en murmurant l'éternelle chanson des eaux vives ...

<table>
<tr><td>

Quond'érou,
Quond'érou
   Nioau !

</td><td>

Lorsqu'ils étaient,
Lorsqu'ils étaient
   Neufs !

</td></tr>
</table>

répètent les échos des bois et des monts....

LES SABOTS (1)

<table>
<tr><td>

(Allegretto)

Qu'on té coustabou ?
Qu'on té coustabou,
   Tes esclots ?
Quond'érou,
Quond'érou
   Nioau ?

</td><td>

I

Combien te coûtaient ?
Combien te coûtaient,
   Tes sabots ?
Quand ils étaient,
Quand ils étaient,
   Neufs ?

</td></tr>
</table>

(1) Chanson de plein vent.

II

Bis Biingt soaus coustabou
    Més esclots,
Bis Quond'érou,
    Nioau !

Vingt sous coûtaient
    Mes sabots,
Quand ils étaient,
    Neufs !

III

Bis Chiin soaus leï fouormos
    Dés esclots.
Bis Quond'érou,
    Nioau !

Cinq sous les formes (1)
    Des sabots,
Quand ils étaient,
    Neufs !

IV

Bis Chiin soaus leï batos
    Dés esclots,
Bis Quond'érou,
    Nioau !

Cinq sous les brides
    Des sabots,
Quand ils étaient,
    Neufs !

V

Bis Chiin soaus leï morlos (2)
    Dés esclots,
Bis Quond'érou,
    Nioau !

Cinq sous la ferrure
    Des sabots.
Quand ils étaient.
    Neufs !

VI

Bis Chiin soaus los tatchios
    Dés esclots.
Bis Quand'érou,
    Nioau !

Cinq sous les clous
    Des sabots,
Quand ils étaient
    Neufs !

---

(1) Le bois des sabots.
(2) Cercles de fer qui entourent les talons des sabots et atténuent leur usure.

VII

Biingt soaus coustabou,	Vingt sous coûtaient,
Biingt soaus coustabou	Vingt sous coûtaient
Mes esclots,	Mes sabots,
Quond'érou,	Quand ils étaient,
Quond'érou,	Quand ils étaient
Nioau !	Neufs !

* * *

Pour apprécier le charme pénétrant des mélodies auvergnates, des vieilles chansons patoises, il faut les entendre chanter dans le superbe décor des campagnes d'Auvergne, du haut des puys, des plombs, des dômes agrestes, où la voix s'étend au loin.... dans les pittoresques et fastueuses vallées, aux échos retentissants.... surtout par un beau soir d'été, à l'heure où le soleil expire à l'horizon, jetant, comme un adieu, ses derniers et magiques rayons, qui nuancent les monts de teintes douces et mélancoliques, de merveilleux reflets, de sublimes clartés.... Alors, ces vieux airs du pays, ces vieilles chansons aux notes lentes et soutenues, aux gammes variées, dont la tonalité s'harmonise avec la beauté des paysages.... retentissent comme de joyeux cantiques.... ou s'exhalent semblables à des échos douloureux.... parlent vivement au cœur, se nuancent de toute la douceur de la lumière.... fleurent la flore des monts.... émeuvent et réjouissent.... dilatent et bercent l'âme de douces rêveries ...

ÉPIGRAMMES

En 1793, la société populaire de Saint-Flour adressa une pétition à l'Assemblée nationale, pour demander qu'il y eut à Saint-Flour un présidial et que la Haute-Auvergne fut divisée en deux départements, les communications étant difficiles pendant l'hiver, entre les districts de Saint-Flour et de Murat, avec ceux d'Aurillac et de Mauriac. Les habitants de Murat n'approuvèrent pas cette pétition. Ceux de Saint-Flour, furieux de ce refus, se moquèrent des gens de Murat, et un poète local écrivit cette épigramme :

ÉPIGRAMME CONTRE MURAT

I

(Allegretto)

A Murat quan bous coubidou, (1)	A Murat quand on vous convie,
Bous mettin sur un platou	On met sur un petit plat
Un paou dé cabra pouirida,	Un peu de chèvre pourrie,
Disiin qua quo dé boun moutou.	Disant que c'est du bon mouton.
Sé bous fatchias dé lou chiéiré,	Si vous vous fâchez de leur chère,
Bous respondin tout couléré :	Ils répondent tout en colère :
Naoutrés n'in mantzins tout l'on,	Nous autres nous en mangeons toute [l'année,
A Murat dessous Brédon.	A Murat dessous Bredon.

II

Sé boulés créba dé réiré,	Si vous voulez pouffer de rire,
A Murat bous cal ana.	A Murat il faut aller.
Ne beyrès per las charciras	Vous ne verrez dans les chemins
Qué borliés et qu'estroupias.	Que borgnes et qu'estropiés.
Dé boussuts per las chareiras	Des bossus dans les rues
Commo paquetiers in feiria.	Comme portefaix en foire.
A Murat, dessous Bredon.	A Murat, dessous Bredon,
Un pes court et l'aoutré long.	Un pied court et l'autre long.

Les habitants de Murat répondirent par cette épigramme :

ÉPIGRAMME CONTRE SAINT-FLOUR

I

(Allegretto)

A San-Flour la granda viala,	A Saint-Flour la grande ville
Boulin aber un présidiaou.	Ils veulent avoir un présidial,
N'aguin ni sorre, ni piarra	N'ayant ni sous, ni deniers,
Lour tchau bendré lou feiraou,	Il leur faut vendre le foirail,
Lou feiraou et les Tsarceiras,	Le foirail et les Charceyres,
Nostra-Dama-dé-Frideyra	Notre-Dame-de-Frideyre,
Et les asés dé Rambaou	Et les ânes de Rambau,
Per aber un présidiaou.	Pour avoir un présidial.

(1) Ces épigrammes sont écrites en dialecte auvergnat suivant la phonétique locale de Murat et de Saint-Flour.

CONSOUS

Brunette est une vieille chanson d'Auvergne, qui a beaucoup d'analogie avec Magali, la célèbre cansou provençale. C'est au chant de Brunette et de La Fileuse que ma grand'mère me berçait. Que de fois je me suis endormi en rêvant à cette cruelle Brunette qui fuyait toujours son amant, se transformait tour à tour en monge, en lièvre, en rose, etc., pour échapper à son galant amoureux qui la poursuivait sans cesse, au couvent, au-delà de la tombe, jusqu'à la porte du paradis !....

Brunette est la Magali auvergnate ; ses tendres accents ont charmé beaucoup d'amoureux.... enthousiasmé bien des amantes....

BRUNETTE

DUO

I

(Andantino)

Bounjiour Brunéto qu'ai tont eymado. (1)   Bonjour Brunette que j'ai tant aimée.
Bounjiour Brunéto qu'ai tont eymado,   Bonjour Brunette que j'ai tant aimée,
Té douóné tout moun kur omé tout moun   Je te donne mon cœur avec tout mon
                               orjin.   [argent.

II

— Pouodés gorda toun kur et toun orjin,   — Tu peux garder ton cœur et ton argent,
Yéou mé mettrai mounjio diins un couvéin, Je me mettrai monge dans un couvent,
Jiomay tu n'ouras dé yéou dé countin-   Jamais tu n'auras de moi de contente-
                              [toméin.   [ment.

----

(1) En chantant cette cousou. il faut bisser les deux derniers vers de chaque couplet.

III

— Sé té métés mounjio diins un couvéin,
Yéou mé mettraï prestré, prestré tchior-
[mon.
Yéou coufessoraï lei damos diins lei cou-
[véins.

— Si tu te mets monge dans un couvent,
Je me mettrai prêtre, prêtre charmant,
Je confesserai les dames dans les cou-
[vents.

IV

— Sé té métés prestré, prestré tchiormon,
Yéou mé mettraï rouoso su lou rousier,
Jiomay tu n'ouras dé yéou dé mos omitiés.

— Si tu te mets prêtre, prêtre charmant,
Je me mettrai rose sur le rosier,
Jamais tu n'auras de moi de mes amitiés.

V

— Sé té métés rouoso su lou rousier,
Yéou prindraï lo fouormo d'un jiordinier,
Onoraï culli lo rouoso su lou rousier.

— Si tu te mets rose sur le rosier,
Je prendrai la forme d'un jardinier,
Et j'irai cueillir la rose sur le rosier.

VI

— Sé prindés lo fouormo d'un jiordinier,
Yéou mé mettraï lébré couron los cans.
Jiomay tu n'ouras dé yéou dé countin-
[toméin.

— Si tu prends la forme d'un jardinier,
Je me mettrai lièvre courant les champs.
Jamais tu n'auras de moi de contente-
[ment.

VII

— Sé té métés lébré couron los cans,
Yéou prindraï lo fouormo d'un tchit cou-
[réin.
Onoraï cerqua lo lébré couron los cans.

— Si tu te mets lièvre courant les champs,
Je prendrai la forme d'un chien courant,
Et j'irai chercher le lièvre courant les
[champs.

VIII

— Sé prindés lo fouorino d'un tchit cou-
            [réin,
Yéou mé mettraï poulo ol poulolier,
Jiomay tu n'ouras dé yéou dé mos omitiés.

— Si tu prends la forme d'un chien cou-
            [rant.
Je me mettrai poule au poulailler,
Jamais tu n'auras de moi de mes amitiés.

IX

— Sé té métés poulo ol poulolier,
Yéou prindraï lo fouormo d'un cousinier,
Onoraï cerqua lo poulo ol poulolier.

— Si tu te mets poule au poulailler,
Je prendrai la forme d'un cuisinier,
J'irai chercher la poule dans le poulailler,

X

— Sé prindés lo fouormo d'un cousinier,
Démouroraï molaoudo diins moun liét,
Jiomay tu n'ouras dé yéou dé mos omitiés.

— Si tu prends la forme d'un cuisinier,
Je resterai malade dans mon lit.
Jamais tu n'auras de moi de mes amitiés.

XI

— Sé démouorés malaoudo diins toun
            [liét.
Yéou prindraï lo fouormo d'un médéchi,
Onoraï trouba lo bello dé diins soun liét.

— Si tu restes malade dans ton lit.
Je prendrai la forme d'un médecin,
Moi j'irai trouver la belle dedans son lit.

XII

— Sé prindés lo fouormo d'un médéchi,
Yéou mé foraï mouorto per un mouméin,
Jiomay tu n'ouras dé yéou dé countinto-
           [méin.

— Si tu prends la forme d'un médecin,
Je me ferai morte pour un moment.
Jamais tu n'auras de moi de contente-
           [ment

XIII

— O sé té fas mouorto per un mouméin,
Mé mettraï Sint Peyré ol porodis,
Yéou durbiraï lo pouorto qu'o mes bouns
           [omis !

— O si tu te fais morte pour un moment,
Je me mettrai Saint-Pierre au paradis !
Je n'ouvrirai la porte qu'à mes bons
           [amis !

XIV

— Sé té fas Sint Peyré ol porodis.
Mé foraï estiello ol firmomon.
Yéou tustoraï o lo pouorto dé moun
           [omon !...

— Si tu te fais Saint-Pierre au paradis,
Je me ferai étoile au firmament.
Je frapperai à la porte de mon amant !...

La Fileuse est la chanson des vieilles filles, des aïeules, qui chantent près de l'âtre flambant, en filant la quenouille ; elles tournent le rouet, dévident et roulent le fuseau au rythme du refrain :

Tirouli tirouli tirouliroulirou !
Tirouli tirouli tiroulirouli !....
Tirouli tirouli tirouliroulirou !
Tirouli tirouli tirouliroulà !....

en songeant au passé plus heureux... à leur jeunesse radieuse...

Cette gracieuse *consou* à la mélodie douce et mélancolique, au refrain original et harmonieux qui imite le bruit du rouet et du fuseau qui tournent, rappelle par sa tonalité les tyroliennes que chantent les pâtres de l'Engadine et du Tyrol.

LA FILEUSE *(Lo Fiougairo)*

Andantino grazioso

Allegretto scherzo

A tempo

Allegretto scherzo

II

N'in gordaougé lei fédos,
Lei fédos on lei moutous…
Tirouli, tirouli, tirouliroulirou !
Tirouli, tirouli, tiroulirouli !
N'in gordaougé lei fédos,
Lei fédos on lei moutous…
Tirouli, tirouli, tirouliroulirou !
Tirouli, tirouli, tirouliroulà !

Je gardais bien les brebis,
Les brebis av'c les moutons…
Tirouli, tirouli, tirouliroulirou !
Tirouli, tirouli, tiroulirouli !
Je gardais bien les brebis.
Les brebis av'c les moutons,
Tirouli, tirouli, tirouliroulirou !
Tirouli, tirouli, tirouliroulà !

III

Moun payré countaougo qué
Lei gordessé soulétto.
Tirouli, tirouli, tirouliroulirou !
Tirouli, tirouli, tiroulirouli !
Moun payré countaougo qué
Lei gordessé soulétto,
Tirouli, tirouli, tirouliroulirou !
Tirouli, tirouli, tirouliroulà !

Mon père croyait bien que
Je les gardais seulette.
Tirouli, tirouli, tirouliroulirou !
Tirouli, tirouli, tiroulirouli !
Mon père croyait bien que
Je les gardais seulette.
Tirouli, tirouli, tirouliroulirou !
Tirouli, tirouli, tirouliroulà !

IV

N'obio lougat un postrou,
Un jionté postourélét…
Tirouli, tirouli, tirouliroulirou !
Tirouli, tirouli, tiroulirouli !
N'obiot lougat un postrou,
Un jionté postourélét…
Tirouli, tirouli, tirouliroulirou !
Tirouli, tirouli, tirouliroulà !

J'avais loué un berger,
Un joli petit berger…
Tirouli, tirouli, tirouliroulirou !
Tirouli, tirouli, tiroulirouli !
J'avais loué un berger,
Un joli petit berger…
Tirouli, tirouli, tirouliroulirou !
Tirouli, tirouli, tirouliroulà !

V

M'in fosio lei birados,
Et mé porlaougo d'omour…
Tirouli, tirouli, tirouliroulirou !
Tirouli, tirouli, tiroulirouli !
M'in fosio lei birados,
Et mé porlaougo d'omour…
Tirouli, tirouli, tirouliroulirou !
Tirouli, tirouli, tirouliroulà !

Il me faisait les rondes,
Et il me parlait d'amour…
Tirouli, tirouli, tirouliroulirou !
Tirouli, tirouli, tiroulirouli !
Il me faisait les rondes,
Et il me parlait d'amour…
Tirouli, tirouli, tirouliroulirou !
Tirouli, tirouli, tirouliroulà !

VI

Timps in timps domondaougo
Un chimplé, chimplé poutou…
Tirouli, tirouli, tirouliroulirou !
Tirouli, tirouli, tiroulirouli !
Timps in timps domondaougo
Un chimplé, chimplé poutou…
Tirouli, tirouli, tirouliroulirou !
Tirouli, tirouli, tirouliroulà !

D' temps en temps il demandait
Un simple, (1) simple baiser…
Tirouli, tirouli, tirouliroulirou !
Tirouli, tirouli, tiroulirouli !
D' temps en temps il demandait
Un simple, simple baiser…
Tirouli, tirouli, tirouliroulirou !
Tirouli, tirouli, tirouliroulà !

VII

Et yéou pas trop inquiéto,
Li déjio dé m'in fa dous…
Tirouli, tirouli, tirouliroulirou !
Tirouli, tirouli, tiroulirouli !
Et yéou pas trop inquiéto,
Li déjio dé m'in fa dous…
Tirouli, tirouli, tirouliroulirou !
Tirouli, tirouli, tirouliroulà !

Et moi pas trop inquiète,
J' lui disais d' m'en fair' deux…
Tirouli, tirouli, tirouliroulirou !
Tirouli, tirouli, tiroulirouli !
Et moi pas trop inquiète,
J' lui disais d' m'en fair' deux…
Tirouli, tirouli, tirouliroulirou !
Tirouli, tirouli, tirouliroulà !

---

(1) Un seul baiser.

VIII

Aro qué sou bieilho
Lei gorçous m'ogatchou plu.
Tirouli, tirouli, tirouliroulirou !
Tirouli, tirouli, tiroulirouli !
Aro qué sou bieilho
Lei gorçous m'ogatchou plu.
Tirouli, tirouli, tirouliroulirou !
Tirouli, tirouli, tirouliroulà !

Maintenant que j' suis vieille,
L's garçons n' me regardent plus.
Tirouli. tirouli, tirouliroulirou !
Tirouli, tirouli, tirouliroulirou !
Maintenant que j' suis vieille.
L's garçons n' me regardent plus.
Tirouli, tirouli, tirouliroulirou !
Tirouli, tirouli, tirouliroulà !

IX

Mè, qu'on lei lébres passou,
Noous birou plo lou dorié...
Tirouli, tirouli, tirouliroulirou !
Tirouli, tirouli, tiroulirouli !
Mè, qu'on lei lébres passou,
Noous birou plo lou dorié...
Tirouli, tirouli, tirouliroulirou !
Tirouli, tirouli, tirouliroulà !

Mais, quand les lièvres passent.
Ils nous tournent bien le dos...
Tirouli, tirouli, tirouliroulirou !
Tirouli, tirouli, tiroulirouli !
Mais, quand les lièvres passent,
Ils nous tournent bien le dos...
Tirouli, tirouli, tirouliroulirou !
Tirouli. tirouli, tirouliroulà !

X

Taou foou lei jueinci feilhos
Ono quéssé gorçous biels...
Tirouli, tirouli, tirouliroulirou !
Tirouli, tirouli, tiroulirouli !
Taou foou lei jucinei feilhos
Ono quéssé gorçous biels...
Tirouli, tirouli, tirouliroulirou !
Tirouli, tirouli. tirouliroulà !

Ainsi font les jeun's filles
A l'égard des vieux garçons...
Tirouli, tirouli, tirouliroulirou !
Tirouli, tirouli, tiroulirouli !
Ainsi font les jeun's filles
A l'égard des vieux garçons...
Tirouli, tirouli, tirouliroulirou !
Tirouli, tirouli, tirouliroulà !

*_**

Ecoutez cette gracieuse, fine et humoristique chansonnette que l'on chante souvent en dansant la bourrée :

LE LOUP

I

(Allegro)

Bis Jionnetto, oun d'onoriin gorda ?
     Per possa un' ourétto.
        Lal-là !
     Aïe ! aïe ! aïe ! Jionnetto !
        Lal-là !
     Per possa un'ouretto.

Jeannette, où irons-nous garder ?
     Pour passer un' heurette,
        Lal-là !
     Aïe ! aïe ! aïe ! Jeannette !
        Lal-là !
     Pour passer un' heurette.

II

Bis Inobal, o lo rébeyretto...
     Mès, éi grondo poau dél loup...
        Lal-là !
     Aïe ! aïe ! aïe ! Jionnetto !
        Lal-là !
     Mès, éi grondo poau dél loup...

Là-bas, à l'endroit du rendez-vous...
     Mais, j'ai grande peur du loup...
        Lal-là !
     Aïe ! aïe ! aie ! Jeannette !
        Lal-là !
     Mais, j'ai grande peur du loup...

III

Bis Quon té sogérou ol foun dél prat,
     L'herbo fouguét mouillado.
        Lal-là !
     Aïe ! aïe ! aïe ! Jionnetto !
        Lal-là !
     L'herbo fouguét mouillado.

Quand ils furent tout au fond du pré,
     L'herbe se trouva mouillée.
        Lal-là !
     Aïe ! aïe ! aïe ! Jeannette !
        Lal-là !
     L'herbe se trouva mouillée.

IV

Bis Lou postourel quittet soun montél,
  Per osséta Jionnetto.
    Lal-là !
  Aïe ! aïe ! aïe ! Jionnetto :
    Lal-là !
  Per osséta Jionnetto.

Le pastourel quitta son manteau
Pour faire asseoir Jeannette,
  Lal-là !
Aïe ! aïe ! aïe ! Jeannette !
  Lal-là !
Pour faire asseoir Jeannette.

V

Bis Mès, l'herbo n'in soguét trouillado
  Dé lours tindrés poutounous…
    Lal-là !
  Aïe ! aïe ! aïe ! Jionnetto !
    Lal-là !
  Dé lours tindrés poutounous…

Mais, l'herbe fut gaiement foulée
Par leurs tendres caresses…
  Lal-là !
Aïe ! aïe ! aïe ! Jeannette !
  Lal-là !
Par leurs tendres caresses…

VI

Bis Plo sé sorrérou les omourous,
  Dé lo grondo poau del loup…
    Lal-là !
  Aïe ! aïe ! aïe ! Jionnetto !
    Lal-là !
  Dé lo grondo poau del loup…

Bien près se serraient les amoureux,
De la grande peur du loup…
  Lal-là !
Aïe ! aïe ! aïe ! Jeannette !
  Lal-là !
De la grande peur du loup…

VII

Bis Oï ! cochi sou plo diin lou troucou !…

  S'o déjio lou cobelliou !…
    Lal-là !
  Aïe ! aïe ! aïe ! Jionnetto !
    Lal-là !
  S'o déjio lou cobelliou !…

Oh ! comm' je suis bien dans l' petit
                    [trou !…
Disait la chevillette !…
  Lal-là !
Aïe ! aïe ! aïe ! Jeannette !
  Lal-là !
Disait la chevillette !…

VIII

Bis Oï ! cochi mé carré ! qué coui bou !...

    Gémissio lou poumpidou !...
      Lal-là !
    Aïe ! aïe ! aïe ! Jionnetto !
      Lal-là !
    Gémissio lou poumpidou !...

Oh ! comme je me plais ! que c'est
                [bon !...
Gémissait le *pompidou* !... (1)
    Lal-là !
Aïe ! aïe ! aïe ! Jeannette !
    Lal-là !
Gémissait le *pompidou* !...

IX

Bis Son postourel, diguét Jionnetto,
    Lou loup m'ourio minjiado...
      Lal-là !
    Aïe ! aïe ! aïe ! Jionnetto !
      Lal-là !
    Lou loup m'ourio minjiado !...

Sans le pastourel, dit Jeannette,
Le loup m'aurait mangée...
    Lal-là !
Aïe ! aïe ! aïe ! Jeannette !
    Lal-là !
Le loup m'aurait mangée !...

X

Bis Mès, on guél n'éi pas ougudo poau,
    Coui yéou qu'éi monjia lou loup !...
      Lal-là !
    Aïe ! aïe ! aïe ! Jionnetto !
      Lal-là !
    Coui yéou qu'éi monjia lou loup !...

Mais, avec lui je n'ai pas eu peur,
C'est moi qui ai mangé le loup !...
    Lal-là !
Aïe ! aïe ! aïe ! Jeannette !
    Lal-là !
C'est moi qui ai mangé le loup !...

---

(1) Ce qu'il est doux et agréable de pétrir.

LE CAPRICE DU ROI

I

(Andante)
Quand le roi rentre dans sa cour,
Il a salué ses dames.
Bis { La première qu'il a saluée,
Lui a ravi son âme.

II

Aussi le roi a demandé.
A qui est cette dame ?
Bis { Le bon marquis a répondu :
— Beau Sire. c'est ma femme.

III

— O marquis plus heureux que moi,
D'une femme si belle !
Bis { Veux-tu permettre que ce soir.
Je converse avec elle ?

IV

— Sire. vous avez tout pouvoir.
Et suprême puissance,
Bis { Car si vous n'étiez pas le roi
Vous auriez ma vengeance.

V

Par la main, le roi l'a prise,
L'amène dans sa chambre.
Bis { Elle pleure la marquise,
Sans pouvoir se défendre.

VI

— Marquise ne pleure pas tant,
Je te ferai princesse.
Bis { De tout mon or et mon argent
Tu seras la maîtresse.

VII

— Sire, à la reine vos rubis
Et toutes vos caresses.
Bis { Moi, j'aime mieux mon beau marquis
Que toutes vos richesses.

VIII

La reine lui fit un bouquet,
Un bouquet de jalousies.
Bis { Et le parfum de ce bouquet
A tué la marquise.

IX

Le roi lui fit faire un tombeau,
Au milieu de l'église.
Bis { Lui fit graver en lettres d'or,
Adieu belle marquise.

X

Le roi fit battre le tambour.
Dans les rues de la ville :
Bis { — Qui parlera de mon amour
N'aura pas longue vie.

7

ROMANCES

La tendre, pathétique ou langoureuse romance convient aux âmes pas-
sionnées, aux amants qui ont senti battre leur cœur aux douces et enivrantes
effluves amoureuses.... soupiré de désirs inassouvis.... palpité de l'ardente
fièvre d'amour....

LA CONFESSION DE POULOTTE

I

(Lento)

Mé counféssé, moun péro,	J' me confesse, mon père,
Lou kur plé dé doulour,	Le cœur plein de douleur,
D'ober su lo fouyeiro	D'avoir sur la fougère,
Bodina on Piorrou.	Plaisanté avec Pierre.
Résistéré son douté,	J'ai résisté sans doute,
Coumo justo rosou...	Comme on doit le faire...
Bis ⎰ Mé qué pouod lo couléro	Mais que peut la colère
⎱ Couontro tindré poutou !	Contre un tendre baiser !

II

— Obés péca, Poulotto	— (Vous) avez péché, Poulotte
Ol pré del Sougétou.	Auprès du Sauveur d' tous,
Respontébou, filhotto,	Repentez-vous, fillette,
Domonda li perdou.	Demandez-lui pardon.
O couïs un ton boun payré !	Oh ! c'est un si bon père !
Qu'aimo lo coumbersiou,	Il aime la conversion,
Bis ⎰ Mé, n'in perdouno gayré	Mais, il n' pardonne guère
⎱ Sons ober countréciou.	Sans avoir contrition.

III

— Yéou bésé bé, moun pèro
Que bous obés rosou.
Crégosias pas. moun pèro,
Qu'obondounné Piorrou.
Yeï proumiso counstinso,
Fidélitat in tout.
Bis { Doubla lo pénitinço
{ Mé lissat mé Piorrou !

— Et je vois bien, mon père,
Que vous avez raison.
Ne croyez pas. mon père,
Qu' j'abandonne Pierre.
J' lui ai promis constance
Fidélité en tout,
Doublez la pénitence
Mais laissez-moi Pierre !

IV

— Ploura Piorrou, Poulotto
Oyhuéi quaou lou quitta,
Proumétté mé, filhotto,
Dé jiomay l'y porla.
O couïs un oïssablé,
Qué bous forio péca !
Bis { O couïs un pétiot diablé
{ Qué bou forio donna.

— Pleurez Pierre, Poulotte.
Aujourd'hui il faut l' quitter.
Promettez-moi, fillette.
De jamais lui parler.
Oh ! c'est un haïssable
Qui vous ferait pécher !
Oh ! c'est un petit diable
Qui vous ferait damner !

V

— Piorrou couïs pas un diablé !
Pèro qu'obes bou dit ?
Couïs un pastré eymablé…
Bous ses un Ontichris !
Es obal qué m'espèro…
Obés bel coufessa,
Bis { Sé bous escapé. pèro,
{ Jiomay plu m'ottropaï '…

— Pierre n'est pas un diable !
Père. qu'avez-vous dit ?
C'est un berger aimable…
Vous êtes un Antichrist !
Il est là-bas qui m'attend…
Vous avez beau confesser.
Si j' vous échappe, père,
Jamais plus (vous ne) m'attrapez !…

LES ADIEUX

DUO

I

(Andante teneramente)

Adieu, pays de mes amours,
Adieu, la fleur de ma jeunesse,
Bis { Puisque nous partons pour toujours,
{ Je te dis adieu, ma maîtresse.

II

— Adieu, tu t'en vas, cher amant !
Tu ne me laisses rien pour gage,
Bis { Qu'une pauvre fleur du printemps,
{ Et les oiseaux dans leur bocage !

III

— Belle, je te ferai planter,
Un rosier blanc devant ta porte,
Bis { Ce sera pour te rappeler
{ Les amitiés que je te porte.

IV

— Cher amant, quand tu étais blessé
Tu me faisais mille promesses…
Bis { Maintenant, ce beau rêve est passé !…
{ Tu t'en vas voir d'autres maîtresses…

V

— Console-toi, ma douce amie,
Rien n'est éternel ici-bas,
Bis { Tu effeuilleras dans la vie,
{ Bien des roses et des lilas…

VI

La mer n'est jamais sans poisson,
Aucun printemps sans violettes,
Bis { Pas de montagnes sans vallons,
{ Ni de filles sans amourettes…

CHANTS NUPTIAUX

CHANSON DE NOCE (1)

I

(Sur l'air de Magali)	
Ol tour d'uno joyouso taoulo,	Autour d'une joyeuse table,
Oun lo noço noous réunis ;	Où la noce nous réunit :
N'es pas esta bésoun dé gaoulo,	On n'a pas eu besoin de bâton
Per otroupéla lés omis,	Pour grouper les amis,
Et per festa li dous nobis.	Et pour fêter les deux nouveaux mariés.
S'ey lo poraoulo,	Puisque j'ai la parole,
Baou tira dé moun gorgonel	Je vais sortir de mon gosier
Un cont noubel.	Un chant nouveau.

II

Nobi, lou moti diin lo prado,	*Nobi*, le matin dans la prairie,
Obés pas ouji lou coucut,	N'avez-vous pas entendu le coucou,
Qué sus uno broco jiolado,	Qui, sur une branche gelée,
Bous fosio soun prémié solut.	Vous faisait son premier salut.
Et qué désio : — l'ay intindut	Et qui disait : — j'ai entendu
Diin soun oubado	Son aubade —
« Bibo oquel couplé plo bestit,	« Vive ce couple bien habillé,
Miel ossourtit ? »	Des mieux assortis ? »

III

Eimablo nobio sourisinto,	Aimable mariée souriante,
In possa près dé l'oustaou nioou.	En passant près de la maison neuve,
Sus uno piboulo lusinto	Sur un peuplier verdoyant
Obés pas bis lou roussignoou	N'avez-vous pas vu le rossignol
Qu'ossojiabo soun estiflioou.	Qui essayait son sifflet,
So boués plosinto,	Sa voix harmonieuse,
Et qué contabo plo ségur	Et qui chantait bien sûr
Bostré bounur ?	Votre bonheur ?

---

(1) Parmi les *Romances*, les *Chants Nuptiaux* et les *Chansons Comiques*, quelques chansons sont de facture moderne. Je regrette de ne pas connaître les auteurs de ces chansons, pour mentionner leurs noms et leur rendre hommage.

IV

Et tu, per qu'es un paou cossaïré
Brabé nobi, délaï lou rioou,
N'as dounc pas bis boula diin l'aïré
L'olaouso, qué diin soun piou-piou…
Répétabo : « As plo fat toun nioou,
    L'efont, pécaïré.
Et son courré bel Limousi,
    As plo cousi ? »

Et toi, puisque tu es un peu chasseur,
Joli marié, de l'autre côté du ruisseau,
Tu n'as donc pas vu voler dans l'air
L'alouette, qui dans son piou-piou…
Répétait : « Tu as bien fait ton nid
    Enfant, pécaïré.
Et sans courir au Limousin
    Tu as bien choisi ? »

V

Et n'as pas bis lo biroundello,
Lo boun' omèyo dé l'oustaou,
Qué doboun lo sozou noubello
Es tournado del poïs caou,
Per pourta lou bouquet noubiaou
    O lo tio bello :
Un boutou dé lourié dubér,
    Sinné d'espouér ?

Et tu n'as pas vu l'hirondelle,
La bonne amie de la maison,
Qui, avant la saison nouvelle
Est revenue du pays chaud,
Pour porter le bouquet de mariage
    A ta belle ;
Un bouton de laurier épanoui,
    Signe d'espoir ?

VI

Déssus uno baysso souletto,
Quaou n'o pas bis, gaïs coubidats.
Un merlé bruun en so merletto,
Coumo dous roubels moridats,
Qu'imbouyabo pès gospoliats
    Lour consounetto.
Et qué desiou : « Noubes espoas,
    Sorés irous ! »

Sur une branche seulette,
Qui n'a pas vu, gais convives,
Un merle brun avec sa merlette,
Comme deux nouveaux mariés,
Qui envoyaient dans les taillis
    Leur chansonnette,
Et qui disaient : « Nouveaux époux,
    Vous serez heureux ! »

VII

Obal sus un colot dé péno,
Otaou pioulabou dous piinsous :
« Qué lou nouï qué bous incodéno
Bous sio dé pus dous in pus dous…
Et qué lo bido per toutéi dous
    Dé bels jiours pléno,
Bous fasco dé joï et cé ris
    Un poradis ! »

Là-bas sur une tige de genêt,
Ainsi piaulaient deux pinsons :
« Que le nœud qui vous enchaîne
Vous soit de plus doux en plus doux…
Et que la vie pour tous les deux
    De beaux jours remplie,
Vous fasse de joie et de ris
    Un paradis ! »

VIII

Ol bouord dé lo routo poudrouso,	Au bord de la route poudreuse,
Un reïpétit diin lou bouissou,	Un roitelet dans le buisson,
Oï nobi, d'uno boués grociouso,	Aux mariés, d'une voix gracieuse,
Désio o soun tour diin so consou :	Disait à son tour dans sa chanson :
« Prou po toutchiour ol tirodou…	« Assez de pain toujours au tiroir…
Fomillio irouso…	Famille heureuse…
Boun opetit… Bouno sonta…	Bon appétit… Bonne santé…
Longo omista !… »	Longue amitié !… »

IX

Mè, dobon qué d'oquesto festo	Mais, avant que de cette fête
Lou jiour atchio bisto lo fi,	Le jour ait vu la fin,,
Conto, esporpoliin lo quéto,	Chante, étendant la queue.
Un gal escopat ol toupi :	Un coq échappé au pot :
« On li nobi, on dé boun bi,	« Avec les *nobi*, avec de bon via.
O lo fronquetto,	A la franquette, (1)
Trinquas et bioués ol gòlot	Trinquez et buvez au galop,
Un aoutré couot ! »	Un autre coup ! »

***

Ecoutez ce duo d'amour enthousiaste que chantent les *nobi* :

DUO D'AMOUR

LOU NOBI :	LE NOUVEAU MARIÉ :
(Lento appassionnato)	
Quaou mé play ? Quaou m'ogrado ?	Qui me plaît ? Qui m'enchante ?
A quos tu !	C'est toi !
Quaou es mo préférado ?	Quell' est ma préférée ?
A quos tu !	C'est toi !
Son tu plu dé béls jiours !…	Sans toi plus de beaux jours !…
Tout mé coumbét, tout m'ogrado !	Tout me plaît, tout m'enchante !
Ommé tu toutchiour !…	Avec toi toujours !…

---

(1) Sans façon, selon la coutume des Francs.

LO NOBIO : *(con tenerezza)*

— Lo paouréta coummuno,
   Ommé tu…
Baou may qu'uno fourtuno
   Louor dé tu !…
Yéou t'ai couji ! Tu m'as coujido !
Bouolé plo possa mo bido
   Ommé tu toutchiour !…

LA NOUVELLE MARIÉE :

— La pauvreté commune,
   Avec toi…
Vaut mieux qu'une fortune
   Loin de toi !…
Je t'ai choisi ! Tu m'as choisie !…
Je veux bien passer ma vie
   Avec toi toujours !…

<br clear="all">

*
* *

ÉPITHALAME

LA MARIÉE

I

(Larghetto)
Quel bonheur d'épouser !
D'où vient pour moi ce gage ?
Que mon cœur est charmé
De me voir en ménage.

II

Je connais mon bonheur,
Je dois bien le comprendre,
De posséder le cœur
D'un mari doux et tendre.

III

Vous êtes mon mari,
Oui, mon âme est ravie !
Vous faites aujourd'hui
Le charme de ma vie !

IV

Soumis vous me serez,
Je vous serai soumise,
Oui, je vous l'ai juré
Devant Dieu à l'église.

V

Nous aurons des enfants.
Je serai bonne mère,
Avec des soins touchants
Comme fait une mère.

VI

Nous aurons des enfants,
Vous serez un bon père,
En bien les élevant,
Comme un père doit faire.

VII

Venez, tous nos parents,
Célébrer notre fête,
Nos deux cœurs sont contents,
Notre paix est parfaite.

VIII

Amis, buvons, chantons !
Que tout se réjouisse !
Par de douces chansons,
L'amitié nous unisse !

IX

Que la paix et l'amour,
Soient dans notre ménage.
Et nous vivrons toujours
Comme des époux sages.

***

Le mariage a son revers.... l'amour passe.... comme tous les plaisirs et toutes les joies ... tous les nids ne sont pas heureux ...

LES FEMMES ET LES FILLES

I

(Moderato)

LEI FILLOS	**LES FILLES**
Fennos qué ses moridados.	Femmes qui êtes mariées,
O lei fillos qu'ouo sou pas,	Aux filles qui (ne) le sont pas,
Disés, sé n'in ses fotchiados ?	Dites, si (vous) en êtes fâchées ?
Respoundés, nous troumpés pas.	Répondez, (ne) nous trompez pas.
Diséouo nous ? *(bis)*	Dites-le nous ? *(bis)*
Sé boun répintés ouo noun ?	Si vous (vous en) repentez ou non ?

II

LOI FENNOS

— Fillétos qué sés in atché
Dé pourta lou sacroméin,
S'escoutaï son bodinatché,
Son mésorguo bous dirin :
    Crésésou *(bis)*
Lissa lei ouomés oùn sou.

LES FEMMES

Fillettes qui êtes en âge
De porter le sacrement,
Si (vous) écoutez sans badinage,
Sans mensonges (nous) vous dirons :
    Croyez-le *(bis)*
Laissez les hommes où (ils) sont.

III

Bous foroou lo catomiaoulo,
Per bous ingona l'onel (2).
Mè, oprès lo sinto taoulo,
Beyroou tout dé méchiont uél,
    Crésésou *(bis)*
Sur céint n'y o pas ün dé bou.

Ils vous feront la chattemitte, (1)
Pour vous mettre l'anneau.
Mais, après la sainte table, (3)
(Ils) verront tout d'un œil méchant,
    Croyez-le, *(bis)*
Sur cent (il) n'y (en) a pas un de bon.

IV

LEI FILLOS

— Mè, yo bé dé différinço
Toutés sou pas otaou.
N'y o qu'aou plo dé coumplosinço
Qué sou fouorço coumocaou.
    Ouo béyrias *(bis)*
Sé les countrodésias pas.

LES FILLES

— Mais, il y a bien des exceptions,
Tous ne sont pas comme ça.
(Il) y en a de bien complaisants,
Qui sont très comm' il faut,
    Vous le verriez *(bis)*
Si (vous ne) les contredisiez pas.

---

(1) Chattemitte : faire de bonnes façons, patte de velours, rentrer les griffes : *catomiaoulo*, miauler doucereusement.

(2) Ingona l'onel : boucher de force l'anneau.

(3) Après la messe de mariage.

V

<table>
<tr><td>LOI FENNOS</td><td>LES FEMMES</td></tr>
</table>

— Callo-té, paouro méynado,	— Tais-toi, pauvre enfant.
Toutchiour diras pas otal,	Toujours (tu ne) parleras pas ainsi.
Toléou soras moridado,	Dès que tu seras mariée.
Diras : l'ouomé es brutal,	(Tu) diras : l'homme est brutal,
Crésésou *(bis)*	Croyez-le *(bis)*
S'in trobo pas ün dé bou.	(Il) ne s'en trouve pas un de bon.

VI

Sé sobias qué couo o l'oulo,	Si (vous) saviez (ce) qui cuit dans la mar- mite
Rés qué dé sinti lou fuun,	Rien que de sentir la fumée.
Fillo démourorias soulo,	Fille (vous) resteriez seule
Per mouri dé soun béluun.	Pour mourir de votre belle vie.
Autroméin *(bis)*	Autrement *(bis)*
Mouririas dé péçoméin.	Vous mourriez de peur.

VII

Auton sés offrescoulido (1)	Maintenant tu es élégante.
Auton lébas lou penoun (2)	Maintenant tu es fière.
Quon soras ottontoulido (3)	Quand tu seras mariée
N'in pourras pas diré noun.	(Tu) ne pourras pas dire non.
Fillounel, *(bis)*	Fillette, *(bis)*
As lo lupido o l'uèl.	(Tu) as une loupe sur l'œil.

(1) **Offrescoulido** : jeune. fraîche et élégante.
(2) **Lébas lou penoun** : tu lèves haut ton petit pied.
(3) **Ottontoulido** : fanée, usée par le ménage et rivée au mari.

Il faut lire dans le texte patois les chansons d'Auvergne pour en apprécier toute la saveur et la poésie, la grâce des diminutifs et des superlatifs.

VIII

Yuei té trobés bé bésado,
Tout fridillo (1) toun intour,
In turlututu couiffado,
Lebés nal ribons et flours.
     Mé, béyréin *(bis)*
Cochi pes tard lou foréin.

Aujourd'hui tu as envie de t'amuser,
Tout sourit autour de toi,
Tu te coiffes en panache,
(Tu) portes haut rubans et fleurs.
     Mais nous verrons *(bis)*
Comment plus tard tu feras.

IX

Soro toutchiour lo bougatchio.
Obon qu'atchio tout sougu,
Et per ton dé rosous qu'atchio,
Dret ou guerli, diou fat tchu. (2)
     Autroméin *(bis)*
Béyras léou bira lou beint.

Ce sera toujours le balai.
Avant qu'il ait tout su,
Malgré les motifs que tu aies,
Raison ou tort, tu dois te taire,
     Autrement *(bis)*
(Tu) verras bientôt tourner le vent.

X

Lo luno dé méou es courto.
Né duro qué trés cortous.
Trop dé fougasso, plu de tourto,
Oprés lou reyré, lou plous.
     Fillounèl. *(bis)*
Traï lo busco dé toun uèl.

La lune de miel est courte,
(Elle) ne dure que trois quarts (de lune).
Trop de brioche, plus de tarte,
Après le rire, les pleurs.
     Fillette, *(bis)*
Arrache la paille de ton œil.

---

(1) Fridillo : frétille de joie et d'amour.
(2) Avant d'avoir pu exposer à ton mari les motifs de tes actes, que tu aies tort ou raison, *dret*
ouo guerli, droit ou boiteux, il faudra te taire.

CHANSONS COMIQUES

Dans leurs chansons, comme dans les *farces* et les *soties*, nos ancêtres se moquaient, chansonnaient : les maris complaisants, les fausses prudes, les dévotes, surtout les gens d'église, les juges et les édiles, qui, par leur situation et leurs fonctions, devraient donner le bon exemple .. mais qui, trop souvent dans leur vie privée, sont loin d'être des modèles de bonne conduite, de devoir et d'honneur, et pratiquent peu les principes de vertu, de tempérance, de charité, d'équité et de justice qu'ils prêchent ou sont chargés d'appliquer aux autres....

Parmi les chansons comiques que j'ai recueillies, je n'en citerai que quatre ou cinq, les autres sont trop lestes, trop crues.... pour les reproduire, bien que le patois, comme le latin, « dans les mots brave l'honnêteté ».

LES TROIS MENETTES

I

(Allegro)

Tres menettos ossinblados	Trois menettes assemblées
Récitabou lou tchiopélét,	Récitaient le chapelet.
Qu'on lour binguet lo pinsado	Quand leur vint la pensée
Dé n'in biouré un gobélet.	De boire un gobelet.
Lo diriin triin triin !	Lo diriin triin triin !
Lo diriin triin triin !	Lo diriin triin triin !
Toun-là la diriin toun-léro !	Toun-là la diriin toun-léro !
Dé n'in biouré un gobélet.	De boire un gobelet.
Lo diriin triin triin !	Lo diriin triin triin !
Lo diriin triin triin !	Lo diriin triin triin !

II

L'uno biou on l'escudélo,
L'aoutro biouyo on lou toupi,
L'aoutro qu'éro pus noubello (1)
Sé mét o biouré ol golet.
    Lo diriin triin triin !
    Lo diriin triin triin !
Toun-là la diriin toun-lèro !
Sé mét o biouré ol golet.
    Lo diriin triin triin !
    Lo diriin triin triin !

L'une boit avec l'écuelle,
L'autre buvait avec un pot,
L'autre qui était plus nouvelle (1)
Se mit à boire à la régalade.
    Lo diriin triin triin !
    Lo diriin triin triin !
Toun-là la diriin toun-lèro !
Se mit à boire à la régalade.
    Lo diriin triin triin !
    Lo diriin triin triin !

III

L'uno biouget uno paouco,
L'aoutro biouget bé dous pintéls,
L'aoutro qu'éro pus rusado
Toutchiour chuchiaougo lou tounel.
    Lo diriin triin triin !
    Lo diriin triin triin !
Toun-là la diriin toun-lèro !
Toutchiour chuchiaougo lou tounel.
    Lo diriin triin triin !
    Lo diriin triin triin !

L'une but un litre,
L'autre but bien deux pintes,
L'autre qui était plus rusée
Toujours suçait le tonneau.
    Lo diriin triin triin !
    Lo diriin triin triin !
Toun-là la diriin toun-lèro !
Toujours suçait le tonneau.
    Lo diriin triin triin !
    Lo diriin triin triin !

IV

L'uno parlo bisco-brasco,
L'aoutro birabo lou fronçé,
L'aoutro sobio pas qué désio,
Oti brocabou toutos trés.
    Lo diriin triin triin !
    Lo diriin triin triin !
Toun-là la diriin toun-lèro !
Oti brocabou toutos tres.
    Lo diriin triin triin !
    Lo diriin triin triin !

L'une parle de bric et de brac,
L'autre estropie le français,
L'autre ne savait pas ce qu'elle disait.
Là, elles caquetaient toutes trois.
    Lo diriin triin triin !
    Lo diriin triin triin !
Toun-là la diriin toun-lèro !
Là, elles caquetaient toutes trois.
    Là diriin triin triin !
    Lo diriin triin triin !

---

(1) Euphémisme : qui était plus experte.

V

L'uno rouollo jiou lo taoulo,	L'une roule sous la table,
L'aoutro roullabo jiou lou set,	L'autre roulait sous le banc,
L'aoutro sobio pas qué fosio.	L'autre ne savait pas ce qu'elle faisait,
Oti, roullabou toutos tré,	Là, elles se roulaient toutes trois.
Lo diriin triin triin !	Lo diriin triin triin !
Lo diriin triin triin !	Lo diriin triin triin !
Toun-là la diriin toun-lèro !	Toun-là la diriin toun-lèro !
Oti, roullabou toutos tré.	Là, elles se roulaient toutes trois.
Lo diriin triin triin !	Lo diriin triin triin !
Lo diriin triin triin !	Lo diriin triin triin !

VI

Qu'on sougérou lo noubello	Quand elles surent la nouvelle
Que lou boril pissabo pa,	Que le baril ne pissait plus
Sé touornou bouta in prégo	Elles se remirent en prières,
Per qué boril touorné pissa.	Pour que le baril recommence à couler.
Lo diriin triin triin !	Lo diriin triin triin !
Lo diriin triin triin !	Lo diriin triin triin !
Toun-là la diriin toun-lèro !	Toun-là la diriin toun-lèro !
Per qué boril touorné pissa.	Pour que le baril recommence à couler
Lo diriin triin triin !	Lo diriin triin triin !
Lo diriin triin triin !	Lo diriin triin triin !

VII

Mès, ougérou boou lou préga,	Mais elles eurent beau le prier,
Diré may dé trés tchiopélets,	Dire plus de trois chapelets,
Lou boril tourné pas pissa.	Le baril ne recommença pas à pisser.
Couï lo ménetto qué pissét...	C'est la menette (1) qui pissa...
Lo diriin triin triin !	Lo diriin triin triin !
Lo diriin triin triin !	Lo diriin triin triin !
Toun-là la diriin toun-lèro !	Toun-là la diriin toun-lèro !
Couï lo ménetto qué pissét...	C'est la menette qui pissa...
Lo diriin triin triin !	Lo diriin triin triin !
Lo diriin triin triin !	Lo diriin triin triin !

(1) Pour : les menettes qui pissèrent.

* *

MÉNÉTOU

Cette chanson évoque pour moi le souvenir d'une vieille menette, petite, ratatinée, qu'on avait surnommée Ménétou (*petite menette*). Sous sa guimpe grise, ses yeux noirs, vifs, pétillants, éclairaient d'un sourire avenant sa figure ridée comme une pomme cuite, égayée d'un nez *rébika*, retroussé, effronté, rouge, rutilant.... Lorsque j'étais enfant, j'allais souvent veiller chez elle, pendant les longues soirées d'hiver, pour écouter ses vieux contes intéressants, ses histoires terrifiantes de sorcellerie, du sabbat, du *Dra* malicieux, qui lui avait joué un vilain tour....

Ah ! ce méchant diablotin, quelle mauvaise farce il lui avait faite ! Elle était alors jeune fille et travaillait à la journée, avec une autre ouvrière, au castel de Faussange. Elles étaient seules, dans une chambre, assises près de la fenêtre, les pieds sur un chauffe-pieds, elles raccommodaient de vieilles culottes en devisant gaiement.... Soudain, elles entendirent des rires stridents et ironiques.... sortir du chauffe-pieds.... Effrayées, elles n'osaient fuir, appeler.... saisies de la peur du diable.... Car, c'était bien un diable de l'enfer.... le *Dra* malicieux.... elles le reconnaissaient à son rire strident et à ses propos effrontés.... qui se cachait dans leur chauffe-pieds et leur disait des bêtises.... en les accompagnant de grands éclats de rires.... Mon Dieu ! Qu'allait-il leur arriver ?.... Elles se gardaient bien de répondre à ses plaisanteries.... Leurs doigts tremblants n'avaient pas la force de tirer l'aiguille.... elles n'osaient lever la tête, se regarder.... se demandant ce que leur voulait cet esprit malin ?.... quelle diablerie leur ferait cet espiègle gnome ?.... lorsqu'elles sentirent une vive chaleur entre leurs jambes.... Le *Dra* malicieux leur avait mis le feu au *pantuél*, au pan de la chemise !.... — « *Oquel bougrré dé dioplotou nous foguet rofia lou porpollioau !*.... ce bougre de diablotin nous fit roussir le papillon !...» disait la menette scandalisée.... Vous pensez si les jeunes ouvrières sautèrent sur leur chaise !.... Et la vieille menette sautait encore, en racontant cette plaisante histoire.... comme si elle avait le feu au papillon !....

Et le Diable ! Figurez-vous que cette menette avait dansé avec le diable !.... Qu'elle l'avait vu « cornu et barbu comme un bouc *offrou !*.... » (1)

C'était au mariage du fils du *couarou*, du propriétaire, de Lavergne. Avec les filles et les garçons des environs, elle était allée, suivant la coutume, à la *vesprade*, soirée de noce. Il y vint aussi un beau cavalier, élégant, que personne ne connaissait. Il dansait si bien, lançait des œillades si amoureuses.... savait si agréablement chanter fleu-

---

(1) Affreux.

rette.... que toutes les filles voulaient danser avec lui.... les hommes bisquaient....
les femmes en raffolaient.... Comme les autres, et peut-être plus que les autres....
elle avait écouté les propos galants de ce beau cavalier, s'était laissée séduire par ses
caresses.... Au matin, elle valsait encore avec lui.... amoureusement appuyée sur la
poitrine de son valseur.... voluptueusement bercée au rythme de la valse.... lorsque,
brusquement, aux premières lueurs de l'aube, au premier chant du coq, son beau cavalier se changea subitement « en un bouc cornu et barbu *offrou !....* » qui vomissait des
flammes par le nez, par la bouche.... et qui essayait de l'emporter !.... Elle tomba
évanouie.... tandis que tous les invités se sauvaient épouvantés !....

Avoir dansé ! flirté avec le diable !.... .... « Quelle honte ! quelle horreur !.... »
s'écriait la menette blême et frémissante de frayeur.... les yeux exorbités de terreur....
comme si elle voyait encore le diable « cornu et barbu comme un bouc *offrou !....* »

Après de telles aventures, aussi émouvantes, si terrifiantes.... il n'était pas dou-
teux que le diable voulait l'enlever.... l'emporter vivante au fond de l'enfer.... Pour
lui échapper, elle prit conseil du curé, et résolut « de renoncer au monde, à Satan, à ses
pompes et à ses œuvres.... » de se réfugier dans le tiers-ordre. Sous la guimpe grise
et la triple protection du crucifix, qu'elle portait toujours dans son *babarel*, (1) de son chapelet, et du cordon de Saint-François « qui faisait sept fois le tour de ses reins » elle ne
craignait plus le diable, il ne pouvait plus l'enlever.... Depuis, elle vivait tranquille
dans son *oustoulou* (2), cultivait son hort, entendait régulièrement la messe tous les
matins, suivait dévotement tous les offices. A force de fréquenter les curés, d'entendre
chanter la messe, vêpres et complies.... elle avait appris quelques bribes de latin
qu'elle débitait à tout propos. Pour pénitence de ses fredaines de jeunesse.... elle ne
manquait pas de réciter, tous les soirs avant de se coucher, deux chapelets, l'un pour les
vivants, l'autre pour les âmes du purgatoire. — « Quant aux damnés de l'enfer, ce n'est
pas la peine de perdre son temps à prier pour eux, disait-elle. Ces réprouvés n'ont pas
besoin de prières. Ils sont damnés pour toute l'éternité.... *Requiescant in pace....* »

Lorsque je veillais chez elle, elle ne consentait à me raconter une histoire qu'à la
condition que je l'aiderais ensuite à réciter ses deux rosaires, je répondrais au chapelet.
La pénitence était un peu longue pour un enfant de dix ans, mais, pour entendre des
histoires aussi intéressantes.... Je savais aussi que la menette s'endormirait sur son
fauteuil, avant la fin des deux chapelets, et que je pourrais m'esquiver doucement....
la laisser vider à son aise son *pégnou*, sa cruche de vin....

---

(1) Les anciennes robes à *babarel* avaient une armature de corset, genre de vertugale ou
vertugarde cousue à l'étoffe de la robe et du corsage largement ouvert et évasé à la hauteur des
seins, formant avec la poitrine un nid, où brillaient, entre les dentelles de la bavette et la soie
éclatante du grand mouchoir d'épaule, les bijoux auvergnats : *croix, cœurs* et *Saint-Esprit*
pendus au cou par de longues chaînes d'or.

(2) Petite maison.

Ah ! le *pégaou* de la menette ! Il était connu dans toute la région, inséparable de la vision de Ménétou. Ménétou sans son *pégaou*, c'était un corps sans âme. C'est que la brave fille avait un petit défaut, elle aimait « à lever le coude », à boire un bon coup, elle vidait à merveille le gobelet, aussi facilement qu'elle dévidait les grains du rosaire. Elle chérissait presque autant — Dieu lui pardonne ! — son *pégaou*, c'est-à-dire le contenu, le jus de la vigne, que le Seigneur.... Elle tenait toujours au frais à *l'iyeiro* (1) un tonnelet d'une baste, qu'elle *tàstait,* goûtait, fréquemment.... et n'oubliait pas de renouveler.... Avant de me *conter* un conte, elle ne manquait pas d'aller remplir au tonnelet, son petit *pégaou* jaune, poli, bronzé par l'usage, cerclé de fil de *régiaou* de fer. Elle s'asseyait au coin du feu sur un vieux fauteuil de paille, recouvert d'un *coussi,* plaçait le *pégaou* près d'elle, sur la table, à côté d'un grand verre bleu, en forme de tulipe, précieux souvenir du défunt curé Chaumeil, qui le lui avait donné. De temps en temps, elle interrompait sa narration et n'oubliait pas de s'arrêter à chaque gloria du chapelet, pour boire un coup.... Il fallait voir Ménétou soulever onctueusement le *pégaou,* verser le vin lentement et le faire mousser dans le verre, le visage épanoui d'un sourire réjoui écouter les joyeux glougous de la liqueur de Bacchus.... saisir le verre, l'élever à la hauteur de ses yeux, contempler ravie à la lueur *dél lun* la liqueur vermeille.... en disant : *Tibi ménélo !* Pour toi menette !.... savourer le jus de la vigne par petites gorgées, avec des clignements d'yeux expressifs.... en faisant claquer sa langue.... et poser le verre vide sur la table en ajoutant : *Deo gratias....*

Surpris, étonné.... je répondais : *Amen....*

Au troisième ou quatrième gloria, la menette était plus *escarbilliée* (2), plus expéditive, elle récitait rapidement les *ave,* en caressant du regard de ses yeux *escarcaillés....* son *pégaou,* dévidait lestement les dizaines, parfois elle sautait même des grains du chapelet — Dieu lui pardonne ! — pour arriver plus vite au gloria.... saisissait fébrilement le *pégaou,* remplissait son verre débordant, et sans le savourer le vidait d'un trait.... en esquissant quelques pas de bourrée.... en chantant :

Lo bouolé lo Moriano,	Je la veux la Marianne,
Lo bouolé may l'ouraï.	Je la veux, je l'aurai.
L'onoraï you quéré,	J'irai la chercher,
Lo menoraï ;	Je l'emmènerai ;
Molgré soun payré	Malgré son père
L'espousoraï.	Je l'épouserai.

(1) Réduit voûté contigu à la cuisine, où l'on place les *forrats,* les cuivrines, et qui sert à la fois d'évier, de cave et de garde-manger.

(2) J'ai francisé quelques mots patois qui n'ont pas de synonymes en français. Voici leur signification : *escarbillié* veut dire : gai, pétulant ; *escarcaillé* veut dire : écarquillé, vif, pétillant ; *s'espandissait* veut dire : s'allongeait, se prélassait ; *s'esparpaillait* exprime les mouvements de la poule qui se gratte dans le sable, écarte ses plumes, allonge ses ailes aux chauds rayons du soleil.

Après le sixième ou le septième gloria, la menette *s'espandissait* sur son fauteuil, écartait ses jambes, allongeait ses pieds sur les landiers, *s'esparpaillait* à la chaleur du feu, elle rapprochait son *pégaou*, le soupesait pour se rendre compte de la quantité de vin qu'il y restait encore, le prenait sur ses genoux, le caressait, le serrait dans ses bras, le berçait sur sa poitrine, comme un poupon, au rythme des *ave*... coulant vers son cher *pégaou* des regards langoureux...., parfois larmoyants.... tandis que son débit devenait de plus en plus lent, sa bouche pâteuse marmottait les *ave*.... en les espaçant de longs bâillements.... Mais elle se redressait au gloria,.... élevait le *pégaou* de toute la longueur de ses bras, debout, la tête renversée en arrière,.... elle ouvrait une large bouche, et buvait à la régalade.... en laissant couler librement le *pégaou*....

Ebahi.... je regardais couler le vin avec de joyeux glouglous dans le gosier de la menette.... sans altérer son sourire réjoui.... en pensant : quelle *garganelle*, quel gosier !.... Quel *tréjidou*, quelle descente !.... Quel *engoulème*, quel avaloir !.... J'en oubliais de répondre au *Deo gratias* que marmonnait la menette en bousculant sur la table l'incassable *pégaou*.... — Hé bien, petit ! Tu dors ! disait la menette en trébuchant dans son fauteuil.... Tu ne réponds pas *Amen* ? *Amen*, cela veut dire : ainsi soit-il, que le Bon Dieu me fasse la grâce d'en boire autant.... pendant longtemps !....

Et le Bon Dieu fit la grâce à la menette d'en boire autant ... pendant plusieurs années encore.... Mais un matin, les voisins trouvèrent Ménétou morte sur son fauteuil ..., serrant dans ses mains crispées son *pégaou vide* ... qu'elle avait trop bien vidé,....

*
* *

LE BRAVE (1) JEAN

I

(Allegretto non troppo)

Juon s'éin bos o lo bigno	Jean s'en va à la vigne
Per fouéyre et per troboilla,	Pour piocher et pour travailler,
O uno jionto fenno	Il a une jolie femme
Qué lou fo ton trimorda.	Qui le fait tant trimarder.

---

(1) Brave a ici la signification de complaisant.

Refrain (Rallentando)

Juon sé boou pas fotchia
May sé fotchioro pas…

Refrain

Jean ne veut pas se fâcher
Il n' se fâchera pas…

II

Juon n'éin s'éin bos o l'oustaou ;
So fenno es ossétado
Lou curat o soun coustaou
Qué l'y fo uno brossado.

Refrain

Jean s'en va à la maison ;
Sa femme est bien assise
Le curé à son côté
Qui lui fait un baiser.

Refrain

III

Le Curé

— Sé sobis paouré Jiono
Lou tour qué bé dé t'orriba ?…
N'a lo fenno molaoudo…
Yéou sou béingu lo coufessa…

Refrain

— Si tu savais pauvr' Janot
Le tour qui vient de t'arriver ?…
Ta femme est malade…
Je suis venu la confesser…

Refrain

IV

Jean

— Lou diablé té coufessa !
May qué té coufesso pas !
Lei ounz' ouros au souna,
Lou desporti n'oribo pas.

Refrain

— Le diable te confesse !
Ou qu'il ne te confesse pas !
Les onze heures ont sonné,
Le déjeûner n'arrive pas.

Refrain

V

La Femme

— N'a lo soupo su lo taougo	— Tu as la soupe sur la table
N'es tré jiours qué n'es trémpado.	Il y a trois jours qu'elle est trempée.
S'es trop caudo l'y buffora…	Si elle est trop chaude souffles-y…
S'es trop caudo l'y buffora…	Si elle est trop chaude souffles-y…
Refrain	*Refrain*

VI

N'a lou cullié jiou lo taougo,	Tu as la cuiller sous la table.
Sé lou bois l'omossoras !	Si tu la veux tu la ramasseras.
N'a lou cullié jiou lo taougo,	Tu as la cuiller sous la table,
Sé lou bois l'omossoras !	Si tu la veux tu la ramasseras.
Refrain	*Refrain*

VII

Coumo Juon s'occourbaougo,	Comme Jean se courbait.
Lo cato l'y sauto-z-ol naz.	La chatte lui saute au nez.
Coumo Juon s'occourbaougo,	Comme Jean se courbait,
Lo cato l'y sauto-z-ol naz.	La chatte lui saute au nez.
Refrain	*Refrain*

VIII

Jean

— Sé sobias, brabé moundé.	— Si vous saviez, braves gens,
Lou tour qué bé dé m'oriba.	Le tour qui vient de m'arriver.
Lou curat m'o pret lo fenno,	Le curé m'a pris la femme,
Et lo cato m'o pret lou na…	Et la chatte m'a pris le nez.
Juon sé boou pas futchia	Jean ne veut pas se fâcher
May sé fotchioro pas…	Il n' se fâchera pas…

LE MARI COMPLAISANT

La Femme

(Lento)
Voici la Saint-Martin qu'arrive,
Le valet va nous quitter,
Bis { Si notre valet s'en va nous perdons tout,
{ Et nous ferons mauvais ménage moi-z-et vous.

Le Mari

— Savez-vous pas ce que j'embrasse,
Quand je rentre à la maison ?
Bis { J'embrasse les clous des portes en passant,
{ Le valet embrasse ma femme en s'amusant.

* * *

Savez-vous pas ce que je mange
Quand je vis à la maison ?
Bis { Je mange du pain noir tout en travaillant,
{ Le valet avec madame de bon pain blanc.

* * *

Ne savez-vous pas où je couche,
Quand je suis à la maison ?
Bis { Je couche sur de la paille en languissant,
{ Le valet avec ma femme dans un lit blanc.

* * *

A Saint-Martin il y a foire,
O ma femme allons-y ?

La Femme

Bis {— Non, non, mon petit homme, tu es trop vieux,
Le valet qui est plus jeune marchera mieux.

Le Mari

— J'ai du bon vin dedans dans ma cave
Mais, jamais certes ! je n'en goûte.

La Femme

Bis {— Gardons-le pour inviter tous mes amis.
J'ai de l'eau dans la citerne pour mon mari.

*

LOS PAPOS

I

N'y o qué contou les cobécous,
D'aoutrés lei fougossous,
Yéou contoraï los papos.
Bis {Los papos dé frouméin,
Cuétchios plo douçoméin.

Il y en a qui chantent les *cabécous*. (1)
D'autres les gâteaux,
Moi je chanterai les bouillies.
Les bouillies de froment,
Cuites bien doucement.

---

(1) Cabécous, petits fromages faits avec du lait de chèvre.

II

Ah ! qué dé plats n'cy dobolat !
Ah ! qué m'éin souï couflat
D'oquélos bounos papos !...
Bis { Lou jiour n'éin monjoraï,
{ Lo nuét n'éin reyboraï.

Ah ! que de plats j'en ai descendus !
Ah ! que je m'en suis gonflé
De ces bonnes bouillies !
Le jour j'en mangerai,
La nuit j'en rêverai !

III

Mé soubéré qué moun bélét,
S'éin foutio jioul jilét
Des implastrés dé papos !
Bis { Un plat per el soulét
{ L'y bou fosio pa'n plét.

Je me souviens que mon grand'père,
S'en fichait sous le gilet,
Des emplâtres de bouillies !
Un plat pour lui seul
Ne faisait pas un pli (1).

IV

Quon n'éré pas pus bel qu'un rat,
Lécabé — Diéou zo sat ! —
Lou péyroou dé los papos.
Bis { May, pél lou miél léca.
{ L'y mé foutio de ka.

Quand je n'étais pas plus grand qu'un rat,
Je léchais — Dieu sait comment ! —
Le chaudron des bouillies.
Même, pour mieux le lécher,
Je m'y fichais dedans.

V

Bouissar oprès sul boboréi
Dé lo momo, mo péi
Mourréjihado dé papos.
Bis { Ah ! n'éré pas bien bél,
{ N'éré qu'un tétoréi ! (2)

J'essuyais ensuite sur le *babarel*
De maman, ma peau
Barbouillée de bouillies.
Ah ! je n'étais pas bien vieux
Je n'étais qu'un nourrisson !

---

(1) Avaler d'un trait, sans s'arrêter, sans qu'une ride de fatigue ou de dégoût ne plisse le visage.
(2) Qui tète encore.

VI

Bis

Oquouos ticon taloméin dous
Et taloméin gôustous.
Oqueloï bounos papos !...
{ Que les pus inchiprous (1)
{ N'éin lécou lés picous !...

C'est quelque chose de si doux,
De tellement savoureux
Ces bonnes bouillies !...
Que les plus difficiles
S'en lèchent les moustaches !

VII

Bis

Ol teimp possat, diin lou Contaou,
Sé fosio per Nodaou,
Dés plés peyroou dé papos,
{ Qué cuétchios oprépaou,
{ Régolabou l'oustaou.

Au temps passé, dans le Cantal,
Il se faisait à la Noël,
De pleins chaudrons de bouillies,
Qui, cuites à propos,
Régalaient la maison.

*
**

VOISINAGE EST SOUVENT COCUAGE

I

Ma femme toujours babille.
Dit qu'elle ne peut pas dormir.
Qu'il faut qu'elle s'habille,
Qu'elle va bientôt venir.

II

Aussitôt, elle se vête,
Au jardin elle s'enfuit,
Moi, qui suis ni fou ni bête,
Pas à pas je l'ai suivie.

III

Je la trouve sur l'herbette
Avec un de ses amis.
Je retourne à ma couchette,
Comme un oiseau dans son nid.

IV

J'entends le coucou qui chante,
A la tête de mon lit.
Je lui dis : mauvaise bête
Que viens-tu donc faire ici ?

---

(1) *Inchiprou*, grincheux, difficile.

<table>
<tr><td>

V

— T'apprendre que voisinage
Est un parentage aussi.
Si la femme n'est pas sage,
Tous les hommes sont cousi. (1)

</td><td>

VI

Des vicaires aux curés,
Et le clocheron aussi,
Qui dit qu'il en jouirait,
Jusqu'au suisse près d'ici.

</td></tr>
</table>

**

LA CHANSON DES SCIEURS DE LONG

La chanson des Scieurs de long est non-seulement une chanson comique par son sujet et par certains de ses termes, mais elle est aussi une chanson de métier. Elle est intéressante par sa forme originale, sa composition à moitié en patois et en mauvais français, ses termes sonores, vibrants, barbares, son refrain imitatif du bruit de la scie :

Fouchtriinguetto ! Fouchtriingou !
Fouchtriinguetto ! Tchiingrroun !
Tchiintchiingrroun ! Tchiintchiingrroun !

I

<table>
<tr><td>

(Allegretto)
N'y a pas d'estat pus brabè,
   Bougrri ! Bougrrà !
   Loulli ! Loullà !
   Bougrrà cramanià !
Per moun ârrmo fouchtrrà ! (2)
Fouchtriinguetto ! Fouchtriingou !
Fouchtriinguetto ! Tchiingrroun !
   Tchiintchiingrroun ! (*bis*)
Bronlonlou tchi dou brras,
Coungrri ! Per moun ârrmo coungrrà ! (3)
N'y a pas d'estat pus brabè,
Qué lei chieurs dé long. (*bis*)
   Bougrri ! Bougrrà !
   Loulli ! Loullà !
   Bougrrà cramanià !
Per moun ârrmo fouchtrrà !

</td><td>

(Il) n'y a pas d'état plus joli,
   Bougrri ! Bougrrà !
   Loulli ! Loullà !
   Bougrrà cramanià !
Par mon âme fouchtrrà !
Fouchtriinguetto ! Fouchtriingou !
Fouchtriinguetto ! Tchiingrroun !
   Tchiintchiingrroun ! (*bis*)
Remuons fort les deux bras,
Coungrri ! Par mon âme coungrrà !
(Il) n'y a pas d'état plus joli,
Que les scieurs de long. (*bis*)
   Bougrri ! Bougrrà !
   Loulli ! Loullà !
   Bougrrà cramanià !
Par mon âme fouchtrrà !

</td></tr>
</table>

---

(1) Sont cousins.
(2) Par mon âme d'Auvergnat.
(3) Par mon âme forte, puissante, impavide.

II

Nous allons sur la plaço	Nous allons sur la place,
Bougrri ! Bougrrà !	Bougrri ! Bougrrà !
Loulli ! Loullà !	Loulli ! Loullà !
Bougrrà cramanià !	Bougrrà cramanià !
Per moun ârrmo fouchtrrà !	Par mon âme fouchtrrà !
Fouchtriinguetto ! Fouchtriingou !	Fouchtriinguetto ! Fouchtriingou !
Fouchtriinguetto ! Tchiingrroun !	Fouchtriinguetto ! Tchiingrroun !
Tchiintchiingrroun ! (*bis*)	Tchiintchiingrroun ! (*bis*)
Bronlonlou tchi dou brras,	Remuons fort les deux bras,
Coungrri ! Per moun ârrmo coungrrà !	Coungrri ! Par mon âme coungrrà !
Nous allons sur la plaço	Nous allons sur la place
Pour chiér les chevrons. (*bis*)	Pour scier les chevrons. (*bis*)
Bougrri ! Bougrrà !	Bougrri ! Bougrrà !
Loulli ! Loullà !	Loulli ! Loullà !
Bougrrà cramanià !	Bougrrà cramanià !
Per moun ârrmo fouchtrrà !	Par mon âme fouchtrrà !

III

Nous en chions bien trois mètres,	Nous en scions bien trois mètres.
Bougrri ! Bougrrà !	Bougrri ! Bougrrà !
Loulli ! Loullà !	Loulli ! Loullà !
Bougrrà cramanià !	Bougrrà cramanià !
Per moun ârrmo fouchtrrà !	Par mon âme fouchtrrà !
Fouchtriinguetto ! Fouchtriingou !	Fouchtriinguetto ! Fouchtriingou !
Fouchtriinguetto ! Tchiingrroun !	Fouchtriinguetto ! Tchiingrroun !
Tchiintchiingrroun ! (*bis*)	Tchiintchiingrroun ! (*bis*)
Bronlonlou tchi dou brras,	Remuons fort les deux bras.
Coungrri ! Per moun ârrmo coungrrà !	Coungrri ! Par mon âme coungrrà !
Nous en chions bien trois mètres,	Nous en scions bien trois mètres,
Tant que nous en pouvons. (*bis*)	Tant que nous en pouvons. (*bis*)
Bougrri ! Bougrrà !	Bougrri ! Bougrrà !
Loulli ! Loullà !	Loulli ! Loullà !
Bougrrà cramanià !	Bougrrà cramanià !
Per moun ârrmo fouchtrrà !	Par mon âme fouchtrrà !

IV

J'ai chié pour ton pèro,
    Bougrri ! Bougrrà !
    Loulli ! Loullà !
    Bougrrà cramanià !
Per moun ârrmo fouchtrà !
Fouchtriinguetto ! Fouchtriingou !
Fouchtriinguetto ! Tchiingrrroun !
    Tchiintchiingrrroun ! (*bis*)
Bronlonlou tchi dou brras.
Coungrri ! Per moun ârrmo coungrrâ !
J'ai chié pour ton pèro,
Je chirai bien pour toi... (*bis*)
    Bougrri ! Bougrrà !
    Loulli ! Loullà !
    Bougrrà cramanià !
Per moun ârrmo fouchtrrà !

J'ai scié pour ton père,
    Bougrri ! Bougrrà !
    Loulli ! Loullà !
    •Bougrrà cramanià !
Par mon âme fouchtrrà !
Fouchtriinguetto ! Fouchtriingou !
Fouchtriinguetto ! Tchiingrrroun !
    Tchiintchiingrrroun ! (*bis*)
Remuons fort les deux bras.
Coungrri ! Par mon âme coungrrà !
J'ai scié pour ton père,
Je scierai bien pour toi... (*bis*)
    Bougrri ! Bougrrà !
    Loulli ! Loullà !
    Bougrrà cramanià !
Par mon âme fouchtrrà !

V

A la saison qu'est proche
    Bougrri ! Bougrrà !
    Loulli ! Loullà !
    Bougrrà cramanià !
Per moun ârrmo fouchtrrà !
Fouchtriinguetto ! Fouchtriingou !
Fouchtriinguetto ! Tchiingrrroun !
    Tchiintchiingrrroun ! (*bis*)
Bronlonlou tchi dou brras.
Coungrri ! Per moun ârrmo coungrrà !
A la saison qu'est proche
Nous nous en anirons. (*bis*)
    Bougrri ! Bougrrà !
    Loulli ! Loullà !
    Bougrrà cramanià !
Per moun ârrmo fouchtrrà !

A la saison prochaine
    Bougrri ! Bougrrà !
    Loulli ! Loullà !
    Bougrrà cramanià !
Par mon âme fouchtrrà !
Fouchtriinguetto ! Fouchtriingou !
Fouchtriinguetto ! Tchiingrrroun !
    Tchiintchiingrrroun ! (*bis*)
Remuons fort les deux bras.
Coungrri ! Par mon âme coungrrà !
A la saison prochaine
Nous reviendrons chez nous. (*bis*)
    Bougrri ! Bougrrà !
    Loulli ! Loullà !
    Bougrrà cramanià !
Par mon âme fouchtrà !

VI

Nous irons voir nos femmes
   Bougrri ! Bougrrà !
   Loulli ! Loullà !
   Bougrrà cramanià !
Per moun ârrmo fouchtrrà !
Fouchtriinguetto ! Fouchtriingou !
Fouchtriinguetto ! Tchiingrroun !
   Tchiintchiingrroun ! (*bis*)
Bronlonlou tchi dou brras,
Coungrri ! Per moun ârrmo coungrrà !
Nous irons voir nos femmes
Tous ceux qu'ils n'en auront, (*bis*)
   Bougrri ! Bougrrà !
   Loulli ! Loullà !
   Bougrrà cramanià !
Per moun ârrmo fouchtrrà !

Nous irons voir nos femmes
   Bougrri ! Bougrrà !
   Loulli ! Loullà !
   Bougrrà cramanià !
Par mon âme fouchtrrà !
Fouchtriinguetto ! Fouchtriingou !
Fouchtriinguetto ! Tchiingrroun !
   Tchiintchiingrroun ! (*bis*)
Remuons fort les deux bras,
Coungrri ! Par mon âme coungrrà !
Nous irons voir nos femmes
Tous ceux qui en auront. (*bis*)
   Bougrri ! Bougrra !
   Loulli ! Loullà !
   Bougrrà cramanià !
Par mon âme fouchtrrà !

VII

N'y a pas qué pitchou Piérré,
   Bougrri ! Bougrrà !
   Loulli ! Loullà !
   Bougrrà cramanià !
Per moun ârrmo fouchtrrà !
Fouchtriinguetto ! Fouchtriingou !
Fouchtriinguetto ! Tchiingrroun !
   Tchiintchiingroun ! (*bis*)
Bronlonlou tchi dou brras,
Coungrri ! Per moun ârrmo coungrrà !
N'y a pas qué pitchou Piérré,
Qué seul il n'en a pas. (*bis*)
   Bougrri ! Bougrrà !
   Loulli ! Loullà !
   Bougrrà cramanià !
Per moun ârrmo fouchtrrà !

(Il) n'y a que petit Pierre,
   Bougrri ! Bougrrà !
   Loulli ! Loullà !
   Bougrrà cramanià !
Par mon âme fouchtrrà !
Fouchtriinguetto ! Fouchtriingou !
Fouchtriinguetto ! Tchiingrroun !
   Tchiintchiingrroun ! (*bis*)
Remuons fort les deux bras.
Coungrri ! Par mon âme coungrrà !
(Il) n'y a que petit Pierre,
Qui seul (il) n'en a pas. (*bis*)
   Bougrri ! Bougrrà !
   Loulli ! Loullà !
   Bougrrà cramanià !
Par mon âme fouchtrrà !

VIII

<table>
<tr><td>

Il prendra la plus belle,
    Bougrri ! Bougrrà !
    Loulli ! Loullà !
    Bougrrà cramanià !
Per moun àrrmo fouchtrrà !
Fouchtriinguetto ! Fouchtriingou !
Fouchtriinguetto ! Tchiingrroun !
    Tchiintchiingrroun ! (bis)
Bronlonlou tchi dou brras,
Coungrri ! Per moun àrrmo coungrrà !
Il prendra la plus bello.
S'il la pourra trouva. (bis)
    Bougrri ! Bougrrà !
    Loulli ! Loullà !
    Bougrrà cramanià !
Per moun àrrmo fouchtrrà !

</td><td>

Il prendra la plus belle,
    Bougrri ! Bougrrà !
    Loulli ! Loullà !
    Bougrrà cramanià !
Par mon âme fouchtrrà !
Fouchtriinguetto ! Fouchtriingou !
Fouchtriinguetto ! Tchiingrroun !
    Tchiintchiingrroun ! (bis)
Remuons fort les deux bras,
Coungrri ! Par mon âme coungrrà !
Il prendra la plus belle,
S'il peut la trouver. (bis)
    . Bougrri ! Bougrrà !
    Loulli ! Loullà !
    Bougrrà cramanià !
Par mon âme fouchtrrà !

</td></tr>
</table>

IX

<table>
<tr><td>

Nous reséguerons femmes,
    Bougrri ! Bougrrà !
    Loulli ! Loullà !
    Bougrrà cramanià !
Per moun àrrmo fouchtrrà !
Fouchtriinguetto ! Fouchtriingou !
Fouchtriinguetto ! Tchiingrroun !
    Tchiintchiingrroun ! (bis)
Bronlonlou tchi dou brras,
Coungrri ! Per moun àrrmo coungrrà !
Nous reséguerous femmes.
Comme nous chions chevrons. (bis)
    Bougrri ! Bougrrà !
    Loulli ! Loullà !
    Bougrrà cramanià !
Per moun àrrmo fouchtrrà !

</td><td>

Nous scierons les femmes
    Bougrri ! Bougrrà !
    Loulli ! Loullà !
    Bougrrà cramanià !
Par mon âme fouchtrrà !
Fouchtriinguetto ! Fouchtriingou !
Fouchtriinguetto ! Tchiingrroun !
    Tchiintchiingrroun ! (bis)
Remuons fort les deux bras,
Coungrri ! Par mon âme coungrrà !
Nous scierons les femmes
Comm' nous scions les chevrons. (bis)
    Bougrri ! Bougrrà !
    Loulli ! Loullà !
    Bougrrà cramanià !
Par mon âme fouchtrrà !

</td></tr>
</table>

X

Nous aurons des enfants.
   Bougrri ! Bougrrà !
   Loulli ! Loullà !
   Bougrrà cramanià !
Per moun ârrmo fouchtrrà !
Fouchtriinguetto ! Fouchtriingou !
Fouchtriinguetto ! Tchiingrroun !
   Tchiintchiingrroun ! (*bis*)
Bronlonlou tchi dou brras,
Coungrri ! Per moun ârrmo coungrrà !
Nous aurons des enfants
Pour chier comme nous chions. (*bis*)
   Bougrri ! Bougrrà !
   Loulli ! Loullà !
   Bougrrà cramanià !
Per moun ârrmo fouchtrrà !

Nous aurons des enfants.
   Bougrri ! Bouggrà !
   Loulli ! Loullà !
   Bougrrà cramanià !
Par mon âme fouchtrrà !
Fouchtriinguetto ! Fouchtriingou !
Fouchtriinguetto ! Tchiingrroun !
   Tchiintchiingrroun ! (*bis*)
Remuons fort les deux bras,
Coungrri ! Par mon âme coungrrà !
Nous aurons des enfants
Pour scier comme nous scions. (*bis*)
   Bougrri ! Bougrrà !
   Loulli ! Loullà !
   Bougrrà cramanià !
Par mon âme fouchtrrà !

Pour apprécier la mélodie vigoureuse et entraînante, l'expression sauvage, brutale et barbare de cette chanson, il faut l'entendre chanter par les rudes bûcherons auvergnats, aux robustes poitrines velues, les cheveux et la barbe hirsutes.... Dans les pittoresques, sauvages et grandioses décors du Bois-Noir, des forêts du Lioran ou du Bois-Mary.... Au milieu des sapins géants, mornes, barbus, séculaires.... qui se dressent dans les ravins vertigineux.... escaladent les pentes abruptes des monts.... essaient de dominer les rochers farouches.... qui trouent la forêt....

Pour saisir l'ironie étrange, déconcertante.... de cette chanson comique, il faut l'écouter chanter à l'accompagnement des coups de haches, qui scandent les paroles... des « hans ! » pénibles des bûcherons... du bruit des arbres qui tombent.... du grincement des scies... des plaintes du vent qui fait frissonner les ramures.... des sanglots des torrents.... du fracas des cascades ... Tandis que, là-haut, couronnant les sombres forêts, les pics, les puys et les plombs érigent dans le ciel bleu.... leurs crêtes de lave déchiquetées .. leurs cimes couvertes de neiges encore.... ou leurs verdoyantes pelouses de gramen... qui resplendissent.... ou se teintent de nuances changeantes : roses, mordorées, mauves ou violettes.... aux rayons radieux du soleil....

CHANSONS DE ROUTE

JOLI CAPITAINE

I

(Allegro)

Joli capitaine,
Chantonnait fredaine,
Cherchant ses amours. *(Bis)*

II

S'il les a cherchées,
Il les a trouvées,
Dedans une tour. *(Bis)*

Refrain

Ladéridondaine !
Ladéridondon !

III

— Ecoute, ma belle,
Viens, ma tourterelle,
Je t'épouserai. *(Bis)*

(Refrain)

IV

— Va dir' à mon père,
Qu'en moi tu espères,
Quand je sortirai. *(Bis)*

(Refrain)

V

— Grand richard de France,
Ta fille demande
Quand ell' sortira ? *(Bis)*

(Refrain)

VI

— Joli capitaine,
Tu prends de la peine
Tu ne l'auras pas. *(Bis)*

(Refrain)

VII

— Je l'aurai par force,
Ou bien par adresse,
Ou par trahison. *(Bis)*

(Refrain)

VIII

Son père de rage
La prend et l'embrasse,
Et à l'eau la met. *(Bis)*

(Refrain)

IX

Son amant volage,
Se mit à la nage,
Mais il la sortit. (*Bis*)

(*Refrain*)

X

La première ville,
Son amant l'habille,
Tout en blanc gazon (1). (*Bis*)

(*Refrain*)

XI

La seconde ville,
Son amant l'habille,
En or, en argent. (*Bis*)

Ladéridondaine !
Ladéridondon !

XII

La troisième ville,
Elle se marie,
Avec son amant. (*Bis*) (2)

Ladéridondaine !
Ladéridondon !

LÈVE LE PIED NANETTE !

I

(*Allegro*)

J' m'en vais à la fontaine,
Et lève le pied !
J' m'en vais à la fontaine,
Et lève le pied !
Pour chercher du cresson,
Lève le pied Nanette !
Pour chercher du cresson,
Et lève le pied Nanon !

II

La fontaine est profonde,
Et lève le pied !
La fontaine est profonde,
Et lève le pied !
J' m'y suis coulé-z-au fond,
Lève le pied Nanette !
J' m'y suis coulé-z-au fond,
Et lève le pied Nanon !

---

(1) Gaze blanche.
(2) On chante aussi cette chanson, sans le refrain, andante, sur l'air de la romance.

III

Mais, par hasard il passe,
    Et lève le pied !
Mais, par hasard il passe,
    Et lève le pied !
Trois chevaliers marrons (1),
    Lève le pied Nanette !
Trois chevaliers marrons,
    Et lève le pied Nanon !

IV

— Qu' donneriez-vous, la belle ?
    Et lève le pied !
Qu' donneriez-vous, la belle ?
    Et lève le pied !
Que nous vous en sortions ?
    Lève le pied Nanette !
Que nous vous en sortions ?
    Et lève le pied Nanon !

V

Soit, votre cœur en gage,
    Et lève le pied !
Soit, votre cœur en gage,
    Et lève le pied !
Ou bien à l'abandon ?
    Lève le pied Nanette !
Ou bien à l'abandon ?
    Et lève le pied Nanon !

VI

— Ah ! sortez-moi ! dit-elle,
    Et lève le pied !
Ah ! sortez-moi ! dit-elle,
    Et lève le pied !
Puis après nous verrons,
    Lève le pied Nanette !
Puis après nous verrons,
    Et lève le pied Nanon !

VII

Mon cœur n'est pas à vendre,
    Et lève le pied !
Mon cœur n'est pas à vendre,
    Et lève le pied !
Ni même à l'abandon.
    Lève le pied Nanette !
Ni même à l'abandon.
    Et lève le pied Nanon !

VIII

Mon père me le garde,
    Et lève le pied !
Mon père me le garde,
    Et lève le pied !
Pour un jeune garçon,
    Lève le pied Nanette !
Pour un jeune garçon,
    Et lève le pied Nanon !

---

(1) Maraudeurs d'amour, en quête de bonnes fortunes.

IX

— Partons pour l'Angleterre,
  Et lève le pied !
Partons pour l'Angleterre,
  Et lève le pied !
Avec l' jeune garçon,
  Lève le pied Nanette !
Avec l' jeune garçon,
  Et lève le pied Nanon !

X

Sous l' drapeau de la France,
  Et lève le pied !
Sous l' drapeau de la France,
  Et lève le pied !
Aux brillantes couleurs !
  Lève le pied Nanette !
Aux brillantes couleurs !
  Et lève le pied Nanon !

REMARQUES ÉTYMOLOGIQUES ET PHILOLOGIQUES SUR LE PATOIS D'AUVERGNE

Le patois (1) d'Auvergne comprend deux dialectes qui se différencient par la prédominance des voyelles *o* ou *a* : le dialecte en *o*, qui a pour dominante, syllabe tonique ou finale, la voyelle *o* ; et le dialecte en *a*, qui a généralement pour syllabe tonique ou finale, la voyelle *a*. Chacun de ces deux dialectes comprend plusieurs sous-dialectes, qui varient suivant la phonétique, la prononciation des habitants des divers arrondissements, ou des vallées. La plupart des chansons patoises recueillies dans cet ouvrage sont écrites dans le dialecte en *o*, le plus usité en Auvergne.

Contrairement à l'opinion de certains linguistes, qui prétendent que le dialecte en *a* est plus ancien que le dialecte en *o*, l'étude comparative du patois d'Auvergne, avec les mots celtiques qui nous ont été transmis — bien que latinisés — et les langues d'origine gaélique : breton, basque, catalan, etc., démontre que le dialecte en *o* est plus ancien et se rapproche le plus du celtique. Pour quels motifs le patois en *a* aurait-il changé la syllabe tonique et la finale en *o* ? Aucune règle étymologique, phonétique ou sémantique n'explique et ne prouve cette transformation. Tandis qu'il est plus vraisemblable qu'à la suite de l'occupation romaine, sous l'influence du latin, le celtique, ou dialecte en *o*, s'est latinisé. Il a adopté la forme latine, la syllabe tonique et la finale en *a* de certains mots latins analogues. C'est ce qui explique que la syllabe tonique et la finale en *a* sont d'autant plus fréquents dans certains dialectes de la langue d'oc, que les régions où l'on parle ces dialectes ont subi plus longtemps l'occupation, l'empreinte romaine. Il en est de même des : *Tch*, *Ts*, *Tz*, *Dz*, *K*, de la langue celtique, qui sous l'influence du latin — « il n'y a pas de chat en latin » — se sont changés en *c*, en *q*, ou *g*. Pendant l'occupation romaine les différents dialectes de la Gaule se sont latinisés ; on a donné aux mots celtiques la forme latine, adopté la syllabe tonique et la finale du mot latin analogue, adouci les syllabes, supprimé les consonnes rauques du celtique, à tel point qu'il est difficile de reconnaître les mots d'origine celtique, et que l'on fait dériver du latin des mots de la langue romane qui, en réalité, sont des mots celtiques latinisés.

Pour déterminer l'origine des anciens dialectes ou patois, il faut les étudier dans leur pays d'origine, où l'on parle encore ces dialectes. Etudier dans les campagnes le langage populaire des paysans, qui s'est transmis par la tradition orale, a subi moins de variations que les langues écrites — le patois d'Auvergne, le breton, le basque, etc., le prouvent, ils ont moins varié que la langue d'oïl — a mieux conservé les racines des mots, les termes archaïques, les expressions surannées, que le langage ou les écrits châtiés des lettrés. Il ne faut pas trop se fier, pour déterminer l'origine des anciens dialectes patois, aux inscriptions anciennes, aux vieux textes patois, qui ont été rédigés par des lettrés, c'est-à-dire des gens qui connaissaient généralement le latin, avaient tendance à latiniser le patois en l'écrivant, l'orthographiaient comme le latin.

Quelques écrivains contemporains francisent également le patois, l'orthographient comme le français. Puisque la prononciation du patois est différente de celle du français, on ne doit pas orthographier le patois comme le français. Il faut autant que possible écrire le patois conformément à

---

(1) *Potaï*, signifie : aisé, facile, habituel. *Lou potaï* (le patois) veut dire : le langage aisé, facile, habituel, familier.

sa phonétique, l'orthographier de telle façon que ceux qui ne le connaissent pas, puissent en le lisant, le prononcer comme on le parle dans le pays d'origine de ce dialecte. C'est la meilleure règle grammaticale pour écrire une langue.

Le patois d'Auvergne subit l'influence du français, comme il a subi celle du latin ; à la longue, surtout avec les progrès de l'instruction primaire, il se francise. Couramment, l'on entend des paysans auvergnats qui, en essayant de parler le français, francisent des mots patois. Je citerai un exemple récent :

Une femme qui ne parle habituellement que le patois, peu satisfaite de sa feuille d'impositions, se crut obligée « de faire *peter* le français » d'estropier le patois et le français pour parler à M. le maire, et réclama en ces termes comiques et péremptoires : « *Missieu le méro, vous m'abé trop « foutu de teille. Je podé pas pagé. Il faut diré au contoreleur de me descargué ma foeille. Autro- « men, dimergué, je vas vous escoupeter… et vous débraguer su la place !…* »

Dans quelques siècles, les linguistes futurs se tromperaient, s'ils prétendaient que les mots francisés *contoreleur, descargué, fueille, escoupeter, débraguer, etc.*, dérivent des mots français : *contrôleur, décharger, feuille, escopette, débrayer.* Ces mots francisés proviennent des termes patois : *countourélar, descorgua, fuellio, escorpéta (gifler), débroqua (décrotter).*

Conservons pieusement l'idiome de nos ancêtres, *l'aimablette, joliette et tendrette* langue d'Auvergne, suivant les gracieuses et poétiques expressions du savoureux poète du terroir cantalien, Veyre (1).

<table>
<tr><td>Lengo oimobloto,</td><td>Langue *aimablette*,</td></tr>
<tr><td>Ton poulidoto.</td><td>Tant *joliette.*</td></tr>
<tr><td>E tendrounoto,</td><td>Et *tendrette*,</td></tr>
<tr><td>Qué soupirabo nuét é jiours.</td><td>Que soupiraient nuit et jour.</td></tr>
<tr><td>Os peds mignouns dé soun omour.</td><td>Aux pieds mignons de son amour.</td></tr>
<tr><td>Maï d'un sonsiblé troubodour…</td><td>Plus d'un sensible troubadour. .</td></tr>
</table>

Parlons fréquemment et apprenons aux enfants notre beau patois expressif, savoureux, pittoresque et gracieux comme le terroir auvergnat… la langue *natale* d'Auvergne, trop dédaignée…. Comme dit dans *Lo Pousco d'Or*, mon maître et ami regretté…. Francis Courchinoux : (2)

<table>
<tr><td>Oquélo léngo mésprésado.</td><td>Cette langue méprisée.</td></tr>
<tr><td>. . . . .</td><td>. . . . .</td></tr>
<tr><td>Frésquo, risénto é scorbilhado.</td><td>Fraiche, souriante et joyeuse.</td></tr>
<tr><td>. . . . .</td><td>. . . . .</td></tr>
<tr><td>E disémmé bostro pensado.</td><td>Dites-moi votre pensée.</td></tr>
<tr><td>S'én l'enténdré porpondéjia</td><td>En l'entendant caqueter</td></tr>
<tr><td>Li foriay pas uno brossado ?</td><td>Ne lui feriez-vous pas un baiser ?</td></tr>
</table>

---

(1) Jean-Baptiste Veyre naquit en 1798, fils d'un sabotier d'Aurillac, il fut instituteur à Vic-sur-Cère et à Saint-Simon, où il mourut en 1876. Il composa un recueil de poésies patoises : *Les Piaoulats d'un Reipetit.*

(2) L'abbé Francis Courchinoux, né à Aurillac en 1859, mort le 2 Octobre 1902, auteur d'une gerbe de gracieuses poésies patoises : *Lo Pousco d'Or*, et d'un recueil de poésies françaises : *Les Miettes.*

TABLE DES MATIÈRES

	Pages
Dédicace	5
Préface *(origine du patois d'Auvergne)*	7

LA GRANDE — 11

Uno Grondo. *Onons gorda filhetto*	12
Cotinel. *Déyo mé tu, Cotinel*	14
Poulotte. *Onons ol bouos Poulotte*	16

LE REGRET — 17

Où vas-tu ma mie ?.... *Oun bas mo méyo ?*	18
Adieu, pauvre carnaval !... *Odéchia paouré cornobal !*	19
Le Jardin d'Amour	20
La Délaissée	22
L'Abandonnée	24
Le Flambeau d'Amour	26

LE BAYLÉRO — 28

| Bayléro lèro-lèro-lèro ! | 28 |

LES ROBÉLLIÉS DE NOËL — 32

| Lève-toi, petit berger | 32 |
| Il me semblait que j'entendais.... *Sé méro bi qu'oujio* | 33 |

LA PASSION — 34

La Passion de Jésus-Christ est triste et dolente ... *Lo Possiou de Jiésu-Christ*	34
Le jour de Dieu l'enseigne ... *Lou jiour dé Diéou l'inségni*	38
Réveillez-vous mes amis... *Rébéllia bous, mes omis*	39

MARCHES D'AUVERGNE   40

Marche Nuptiale. *Lo dinménon lo nostro nobio.*   40
Ménon lo nostro nobio.... Menons notre mariée   41
Marche de retour de noce. *Morida bous, Modémouiséllo....*   42
Marche de baptême. *Bololiin bololon.*   43
Marche Funèbre *Turlututu mo fenno eï mouorto.*   43

CANTILÈNES   45

La Complainte des Pèlerins de St-Jacques-de-Compostelle.   47
Le Sirvente de Montbrun et de Courde.   51

CHANSONS   58

Chanson des Montagnards d'Auvergne.   58
Les Anciennes Cérémonies des Fêtes de Ste-Christine
    et de Ste-Madeleine à St-Flour   61
La Conversion de Madeleine   63
La Saint-Jean.   66
Morgoritou   71
Joli Galant   76
La Vieille.   78
Les Sabots   82

ÉPIGRAMMES   84

Contre Murat.   85
Contre Saint-Flour   85

CONSOUS   86

Brunette. *(Magali auvergnate)*.   86
La Fileuse. *(Tyrolienne auvergnate)*.   89
Le Loup   94
Le Caprice du Roi   97

ROMANCES   98

La Confession de Poulotte   98
Les Adieux.   100

CHANTS NUPTIAUX

Chanson de no e 101
Duo d'Amour 103
Epithalame 104
Les Femmes et les Filles 105

CHANSONS COMIQUES 109

Les Trois Menettes 109
Ménétou 112
Le Brave Jean 115
Le Mari Complaisant 118
Los Papos 119
Voisinage est souvent cocuage 121
La Chanson des Scieurs de long 122

CHANSONS DE ROUTE 128

Joli Capitaine 128
Lève le pied Nanette 129

Remarques étymologiques et philologiques sur le patois
    d'Auvergne 132

MUSIQUE

AIRS NOTÉS

Uno Grondo 12
Le Jardin d'Amour (Regret) 20
Le Bayléro 28
Marche Nuptiale 40
La Vieille 78
La Fileuse 89